U0902488

Whole Person Education in College English Classroom

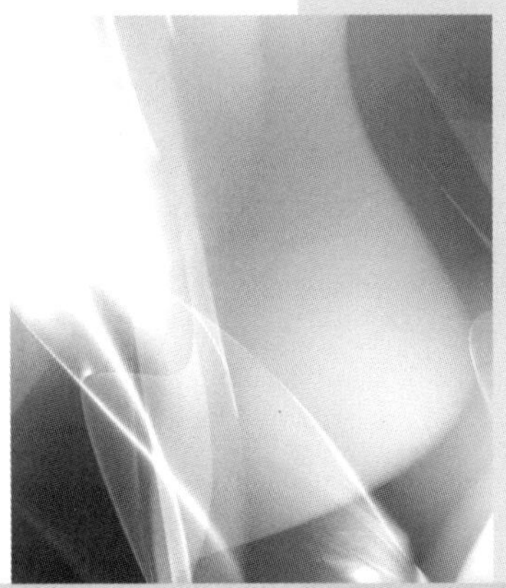

大学英语全人培养探究

胡艳红 等 著

華中科技大學出版社
http://www.hustp.com
中国·武汉

图书在版编目(CIP)数据

大学英语全人培养探究/胡艳红等著. —武汉:华中科技大学出版社，2019.12
ISBN 978-7-5680-2317-7

Ⅰ. ①大…　Ⅱ. ①胡…　Ⅲ. ①英语-教学研究-高等学校　Ⅳ. ①H319.3

中国版本图书馆 CIP 数据核字(2019)第 285245 号

大学英语全人培养探究　　　胡艳红 等 著
Daxue Yingyu Quanren Peiyang Tanjiu

策划编辑：刘　平
责任编辑：刘　平
封面设计：刘　婷
责任校对：封力煊
责任监印：周治超
出版发行：华中科技大学出版社(中国・武汉)　　电话：(027)81321913
　　　　　武汉市东湖新技术开发区华工科技园　　邮编：430223
录　　排：华中科技大学惠友文印中心
印　　刷：武汉科源印刷设计有限公司
开　　本：710mm×1000mm　1/16
印　　张：11.5　插页：2
字　　数：226 千字
版　　次：2019 年 12 月第 1 版第 1 次印刷
定　　价：58.00 元

前言

全球化时代对大学英语教学提出了更高的要求。当今大学英语教学不仅要注重学生语言知识与技能的提升，还要注重学生人文素养、思维能力、创新能力、跨文化交际与合作能力、国际意识等多方面能力和素质的培养，这也是“全人”教育的核心。随着互联网技术和时代的进步，英语语言本身、学生、教材、教学手段等也在不断变化。如何在这个复杂的教学系统里找到平衡点，在有限的教学时间内让学生有最大的进步和提高，并激励他们课后进行自主学习，养成终身学习的习惯，是我们大学英语教师孜孜以求的目标。

为了达到以上教学目标，华中科技大学外国语学院大学外语系进行了持久的课程建设和教学改革。本书汇聚了十一位一线教师多年的教学经验，集各种教学亮点于一体，旨在抛砖引玉，和大学英语同仁们分享教学所得，探究“全人”培养之道，以实现为国家培养高素质综合人才的教育目的。

本书的主题是以用促学、全人培养。全书共分四部分，十一章。前三章为第一部分，主要聚焦学习者思维能力的培养。第一章由周文慧撰写，以叙事的方法讲述了促进学生写作技能和批判性思维能力共同发展的探索历程。第二章由丁煜撰写，用具体教学案例展示了培养学生思维能力的方法及效果。在第三章中，王汉英介绍了影评写作、阅读反思和三明治教学法三种提高学生批判性思维能力的教学活动设计。

第二部分扎根于产出导向法，探讨如何在课堂中驱动、促成和评价学习者学习，培养他们学以致用、自我评价的能力。这部分包括两章，李佼在第四章中展示了产出导向法在阅读和口语教学中的应用；张巍在第五章中探讨了如何将产出导向法运用到演讲教学中，以帮助学生获得演讲技能。

第三部分着眼于大学英语阅读教学，本部分三章从三个不同的视角解决阅读课中普遍存在的被动学习、学习不深入等问题。在第六章中，孔德麟用行动研究方法探索了“阅读圈”教学模式。阮晓琴在第七章中分享了运用合作学习理论促进学生主动学习的具体操作步骤、教学效果及注意事项。王琴玲撰写的第八章则探讨了任务型教学法在培养学生团队协作能力、思维能力、跨文化交际能力方面所起到的作用。

本书最后三章组成第四部分，该部分以项目式教学为依托，探讨如何以学生为中心，并让学生体验“做中学”的快乐和成效。唐芳在第九章中探讨了项目式教学在英语学习与专业结合以及同伴效应方面的优势。胡艳红在第十章中对国内外项目式教学法进行了述评，并展示了作者在实际教学中使用项目式教学法的实操过程及教学效果。孙云梅在第十一章中分享了如何根据学生的语言水平，对教材中的项目进行有效应用、适当改变，如何对不足之处进行完善的实践经验以及教学案例。

在“全人”教育的大背景下，本书关注学生语言能力、思维能力、合作能力、自主学习能力等综合能力的养成。书中涵括的多种教学方法和策略既有理论的支撑，更有具体的案例支持。因此，本书特别适合愿意尝试新理念、新方法的一线外语教师，也能为研究者带来一些启发。

本书从确定理念到最后完稿，离不开学院领导的支持，离不开前期、中期大学外语系导师团队的悉心指导，离不开各位老师的辛勤努力。在此一并致以深深的谢意！

本书从初稿到终稿，虽然每篇文章都是老师们用心探索的结果，也经过了同行审阅和反复修改，但仍难免存在一些疏漏和不足，希望读者不吝指出，帮助我们进一步提高。

“全人”培养的道路阻且长，行则将至。

目录

第一章　大学英语写作教学中批判性思维能力培养的探索与反思

2009年秋季学期,距离笔者入职成为一名大学英语老师正好5年。在那之前的5年中,笔者以一种新手教师的热情和冲劲全心投入教学中——搜寻教学素材、设计教学步骤、安排课堂活动、制作教学课件。经常为此备课到凌晨,第二天早上仍旧精神抖擞地出现在讲台。慢慢地,教学质量和效果得到学生和同事们的认可,每天都处在热爱学生、热爱教学的亢奋状态中,并觉得所从事的职业特别有意义且感到满足。这一切在2009年的秋天发生了改变。

那年秋天,笔者和另一位同事共同负责在全校学生中选拔并培训优秀选手参加外研社英语演讲比赛。从我校启明学院3C英语创新团队选拔出来的一名学生以一口流利漂亮的美式口音、扎实的语言功底和从容自信娓娓道来的演讲风格在省级比赛中拔得头筹,进入了全国半决赛。然而在全国赛场上,尽管我校选手语音语调和语言功底仍然实力强劲,却很快就在知识问答和专家提问环节败下阵来,止步半决赛。赛后分析,导致这位学生在大赛中无法走得更远的原因不在语言,而在思维。语言漂亮,却言之无物;句子流畅,却缺乏逻辑。一旦注意到这个问题,笔者很快意识到这并不是个案。在当时由笔者担任指导老师的3C团队,团队成员都是通过层层选拔的英语高手,个个语音漂亮、语言流畅。然而在团队组织的各种校内校际英语演讲、辩论、模拟联合国活动中,缺乏良好有素的思维技能训练而导致表现受到制约的问题在他们身上表现得非常明显。而缺乏思辨能力的问题,在为数众多的、语言技能还处于发展中的大学英语课堂上则更是突出。学生的思维能力和语言能力互相牵制,在使用英语进行口头或者书面表达时,语言质量不尽如人意且内容空洞、缺乏逻辑。

这次比赛让笔者注意到语言教学在"全人"教育培养中的局限性,并第一次开始对自己的教学实践进行一系列反思:课堂教学作为"教育"中最重要的一环,如果只能实现"教"(语言),不能达成"育"(思维能力和习性),那这样的教学是否太狭隘?我们培养出的具备优秀语言功底的学生所缺失的思维技能是什么?针对这样的思维技能缺失,作为一名教师能在自己的课堂上做些什么?

在这些问题的指引下，笔者开始了漫长的探索之路，希望能够在自己的英语教学实践中摸索出一些融合批判性思维能力培养的有效方法。

1 批判性思维是什么？怎么教？

1.1 批判性思维与教学

从杜威(Dewey,1910)首次提出反思性思维(reflective thinking)概念至今，对批判性思维(critical thinking)概念的定义并没有统一的标准。目前广泛接受的对批判性思维概念的界定包含批判性思维技能(skills)、习性(dispositions)和知识(knowledge)这三个彼此关联的内涵(Thomas et al.,2015)。学者们罗列的批判性思维技能要素虽然各有差异，但都一致认为明确意义、分析论点、评估证据、进行推理、得出合理可靠的结论是批判性思维能力的关键技能。批判性思维习性则包含开明公正的态度(attitude)、对真理好奇并孜孜以求的理智德行(intellectual virtues)和对待分歧时的习惯心态(habits of mind)这三个组成部分。同时，知识(由各种常识、专业领域知识以及从生活、工作中获取的个人经验)也是批判性思维过程中必不可少的先决条件。一个批判性思考者(critical thinker)应当具备良好的批判性思维习性，并在生活、学习、工作中善于运用各种知识和批判性思维技能来进行思考。

批判性思维对于人才培养的重要性得到了西方教育界的广泛认同："任何教育系统都应该把传授有关批判性思维的知识、发展批判性思维技能以及培养具有批判性思维态度和性情的批判性思考者当作教育目标"(Hitchcock,2012)。在中国，大学生的"思辨缺席"(黄源深,1998)现象也越来越受到教育界的重视，如何有效地在课程设置中促进学生批判性思维能力的发展成为培养具有综合素质的新时代创新型人才的重要命题。

基于以上共识，如何在教育体系中有效进行批判性思维教学的讨论一直没有停止。目前实施得最为广泛并证明有效的教学模式主要有两种：把批判性思维作为一门独立的专门课程的单独教学模式和把批判性思维策略技巧融入不同学科内容中的融合教学模式(Swartz et al.,1990)。前者强调把批判性思维的知识和相关技能技巧进行专门、系统的讲授和强化，如分项讲授识别论证、分析论证、评估论证等；后者则着重于在不同学科教学中巧妙融入对批判性思维策略、技巧的介绍和对批判性思维习性、态度的培养。如在新闻传播学课堂上通过介绍批判性思维的相关技巧，引导学生对新闻报道的措辞、信息来源、信息质量、写作手法进行批判性分析，实现专业知识和批判性思维的跨学科培养。有些学者指出，要培养学生全面的、终生的批判性思维能力需要把上述两种模式结合起来，实现批判性思维在课程体系中的全面覆盖（Moore，2011；Alnofaie，2013）。

1.2　批判性思维与写作教学研究

对论证的分析、评估和构建是重要的批判性思维技能，而写作（尤其是议论文写作）则正是体现这些技能的重要渠道之一。大量针对批判性思维技能与写作技能之间关联的定量研究表明，二者之间存在非常显著的正相关。如Golpour(2014)发现批判性思维能力强的学生在不同的写作任务（描述性和论证性）中的表现都明显优于批判性思维能力弱的学生。杨娴（2014）指出批判性思维能力（分析能力、系统化能力）对英语写作成绩有影响，并能在一定程度上预测学生的写作水平。杨京鹏等（2016）发现批判性思维能力与学生作文中的语言成绩和内容成绩之间存在显著正相关。Afshar 等（2017）的研究结果表明批判性思维能力对写作技巧有明显的整体促进作用，尤其是论证分析和论证评估这两种技巧对写作质量的影响最明显，而写作技巧中受批判性思维能力影响最显著的则是作文结构。

既然批判性思维能力与写作技能之间有如此显著的相互促进的关系，那么如何在实际的写作课程教学中实现这两种能力的进一步发展就成了一线教师和研究者感兴趣的话题。他们就如何更有效地展开批判性思维与写作的融合教学展开了不同路径的理论构想、实践探索和实证研究。

不少研究者从课程建设的角度对发展批判性思维与写作能力的教学模式提出了建议。如李莉文（2011）提出在英语专业写作课程教学中，应以批判性思维能力培养为导向，采用留存学生写作文件夹（portfolio）的形成性评估方式，并结合加入思辨性写作题目的终结性评估。通过这样的综合评测方式来促进学生批判性思维的发展。在探索英语专业写作课程改革的可行性方案研究中，余继英（2014）提出教学目标一体化、教学内容一体化、教学方法一体化的写作思辨"一体化"教学模式构想。还有一些教师主张在大学英语写作教学的三个阶段（写前、写中、写后）整合批判性思维技能培养，通过组织批判性阅读、讨论、头脑风暴、思维导图、一稿多写、一稿多评等多样的教学活动，针对学生的分析、推理、评价能力展开反复训练，以拓展思路，提升学生的写作水平（Mehta et al.，2015； Hu，2017；Liu，2018；戚佳鸣 等，2018）。

上述研究都停留在对教学模式的构想阶段，即便其中有些研究者在自己的教学中进行了实施，却还没有得出实证数据的支持，对推动教学的参考意义比较有限。相较之下，另外一些研究者展开的实证研究则对一线教师更加具有指导意义。Ebadi 等（2018）从课堂环境的角度加以探索，指出基于网络搜索的课堂环境比传统的面对面课堂环境更能推动批判性思维能力和学术写作能力的发展。卢丹等(2018)依据 Paul-Elder 的三元结构模型设计了含有目标、主体、教学环境三个层面的混合学习模式,以批判性思维能力为导向,分课前、课中、课后三个实施阶段来进行写作教学的准实验研究。研究结果显示这样的混合学习模式比常规写作教学模式更能促进学生批判性思维能力的发展,但在提高英语写作水平方面则并没有体现出优势。

除了从课堂环境、学习模式这样宽泛的角度进行探索之外,另外有些研究者把目光转向了具体的教学过程。有的尝试通过精心设计的写作任务来推动学生的批判性思维能力发展。如 Çavdar 等(2012)设计了含有两个阶段的写作任务,要求学生在第二阶段对初稿进行有针对性的改写。在这个过程中学生需要针对教师的反馈,厘清初稿中的概念、对论证假设进行批判性评估、增加外在证据资源等。研究表明,学生第二阶段的写作在语言的清晰度、准确性、连贯性以及论证力度上都有明显的进步。还有一些研究者则通过对写作步骤进行分解设计来寻求培养批判性思维能力的有效途径。曾梦蕊(2012)在为期四个月的时间内要求学生每周严格按照搜集素材、评估素材、写作、修改、写后评估、写作反馈这六个步骤写一篇议论文。研究发现学生在相关度、清晰度、逻辑性和连贯性方面的批判性思维能力得到了提高。Dong(2017)更进一步,以两个英语专业高年级课堂为对象,对以批判性思维培养为导向的分步骤写作教学进行了效果验证。研究发现,同样采用头脑风暴、初稿、同伴评议、修改这四个写作步骤,在头脑风暴和同伴评议环节加入了以批判性思维元素检验量表为指导的实验班级在批判性思维和写作能力上都表现出了明显优于控制班级的进步。

值得一提的是,不管是通过营造课堂环境、设计写作任务还是把写作流程进行步骤分解,都是在写作中对学生进行批判性思维技巧的内隐性训练。如果脱离了教师教学手段的介入,很难确保学生的批判性思维能力一定能得到有效发展。那么,是否可以在写作课程中有效地融入更直接的、外显性的批判性思维技能教学和训练,以达到两种技能之间更好地相互促进呢?国内外语言教学研究者们为此也展开了积极探索。有的学者把批判性思维理论中的论证模型运用在教学过程中。卡耐基梅隆大学(CMU)的 Harrell 等(2015)通过对比两种批判性思维模式下写作教学的效果发现,她们对 Beardsley-Freeman 的论证图解模型进行改良后设计的 CMU 论证图解方法比图尔明模式更能有效提高学生在分析和评估型写作任务中的表现。有的研究者选择向学生介绍批判性思维技巧的理论框架或经典文献。如在 Assadi 等(2013)对 60 名伊朗私立英语学校的学生展开的研究中,实验组的学生在三周时间内接受了 6 次、每次 90 分钟的批判性思维策略和 Bloom 的思维技巧分类的教学。Soleimani 等(2014)在以 26 名伊朗希望获得英语资格证书(English as a Foreign Language,简称 EFL)的女学生为实验对象的研究中选择了 4 篇涉及批判性思维概念、工具、特征、模式的经典文献供她们学习。还有的研究者则根据课程教学目标选择性地介绍批判性思维的相关方法或策略。如 Miri 等(2018)对 60 名伊朗石油天然气公司职员进行的英语写作教学研究中，实验组接受了共计 10 次、每次 20 分钟的额外教学和训练，围绕解决问题、提出问题、逻辑论证、评估论证这些批判性思维技巧展开。以上这些研究均发现在写作教学中融入直接的、外显性的批判性思维教学能显著有效地促进学生写作技能的发展。在笔者的教学尝试和探索中，始终采用的也是以批判性思维能力发展为外显性目标的课程设计思路。

2　批判性思维教学探索——边学边教、边教边学

在最初的教学反思中注意到学生中普遍存在的思辨缺席之后，笔者产生了在自己的课堂上对学生进行批判性思维培训的想法。“工欲善其事，必先利其器。”作为一名教师，要培养学生的批判性思维素养，必须先保证自己有较好的批判性思维习性和态度，并对批判性思维理论的原理、技巧、方法有系统的了解。笔者开始通过各种途径搜集有关批判性思维的书籍进行学习，增加知识储备，填补知识空白。

2.1　第一阶段:入门者的尝试(2009 年 11 月—2011 年 6 月)

第一阶段的学习主要目的是对批判性思维的原理、技巧、方法体系有初步的了解。先从批判性思维的经典入门教材 *Asking The Right Questions* 入手，熟悉了在应对各种问题和场景时可以从哪些角度来对问题实质进行剖析、对论证的来源予以考证、对论证质量进行评估、对隐含假设进行分析以及对可能存在的合理结论进行推理。此后，笔者辗转购买了当时还未被外研社引进的、由 Richard Paul 和 Linda Elder 编撰的全套思想者指南系列丛书。这一套大大小小的册子内容全面，涵盖了当时亟须了解的有关批判性思维的概念、方法、原理、评估标准，以及进行批判性思维教学的策略、方法和指南等各个方面。

经过这一阶段的入门学习后，笔者决定以 3C 团队的学生为对象尝试进行小范围的批判性思维训练，主要以零散的工作坊(workshop)的形式展开。在训练中笔者往往采用学生在演讲、辩论中准备的文稿或录音录像为素材，通过苏格拉底式提问法引导学生一步一步找出其中的不足，同时也把 *Asking The Right Questions* 里面的批判性问题分类介绍给学生，让他们在这个过程中不仅在理论上掌握一些简单可行的批判性提问的角度和方法，也从对自己的口头、笔头练习进行反思性分析的过程中得到实践演练。

由于笔者也只能算是对批判性思维的相关原理方法刚刚入门，还需要进行更系统深入的学习，所以这个阶段的教学尝试深度不够，也缺乏系统性。

2.2 第二阶段:结合英语教学的摸索(2011年6月—2012年6月)

在3C团队的小范围尝试后,第二阶段除了进一步加深对批判性思维原理和框架的了解之外,笔者正式展开了对批判性思维课程设置和教学方法的探索。笔者陆续搜集购买了国外出版的数十本批判性思维教材,并在日常的英语教学备课过程中留心积累适合进行批判性论证分析或用作批判性论证写作范本的英文素材。2011年6月,为提高大学生的创新思维能力,全国开始推进"批判性思维"课程建设,教育部高等学校文化素质教育指导委员会与华中科技大学、高等教育出版社(简称高教社)决定在我校启明学院举办"批判性思维"课程建设研讨及教学观摩会。加拿大麦克马斯特大学哲学系教授David Hitchcock受邀做主题报告,并做了32个课时的批判性思维大班英语教学示范(以英语教,但是选用中文教材,学生在课堂上的讨论以及提交的写作任务也都是中文进行)。高教社出版的《批判性思维》中文教材作者董毓博士同时进行了32个课时的小班中文教学示范。笔者受邀和翻译系同事张易凡合作翻译Hitchcock教授为本次研讨会撰写的主题论文,同时也作为Hitchcock教授的翻译和助教深度参与这次课程研讨和教学示范。Hitchcock教授在他的主题发言中提到了把批判性思维作为专门课程进行教学设计时的16条指导原则,并在他的示范教学中进行了综合展示:因地制宜、阐明目标、激发学生的兴趣、运用指导框架、培养批判精神、注重深度甚于广度、使用桥接、利用重大时事、使用真实的或现实的例子、谨慎选择例子、提供有指导的练习和及时反馈、检验学生的理解程度、鼓励元认知、考虑情境、避免空洞地使用专业术语以及谨慎设计多选题。在整个课程研讨和教学示范过程中,笔者得以近距离向国内外批判性思维教学领域的专家请教并观摩他们的课堂,也有机会和许多致力于进行批判性思维跨学科融合教学的老师们进行交流,得到很多启发。

因此,2011年秋季学期,笔者在之前3C团队批判性思维训练工作坊的内容基础上做了系统的调整和完善,尝试着推出了一门面向启明学院实验班和创新团队的选修课:英语思辨技巧训练(课程大纲见表1-1)。教学设计按照Hitchcock教授所提出的指导原则进行,教学内容的安排也大致沿用Hitchcock教授的模式,重点围绕对论证进行批判性理解、分析和评估展开。

表1-1 英语思辨技巧训练课程大纲

Content	Class Hours
Course Description, ABC of Critical Thinking.	2
What Are the Claims, Reasons, and Arguments?	2

续表

Content	Class Hours
Understanding the Links Between Claims.	4
Better Claims. Better Links.	4
What Types of Reasoning Are There?	4
Analyzing the Argument.	8
Finding and Evaluating the Evidence.	2
Creating Your Own Critical, Analytical Writing.	4
Evaluating Critical Wring.	2

需要指出的是，尽管 Hitchcock 教授提出的指导原则是针对单独的批判性思维课程设计，但是它也完全适用于批判性思维与大学英语的融合课程。这主要是因为作为一门公共课，大学英语课属于技能型课程，而不是像前面所提到的新闻传播学这样专业性很强的学科。我们的学生在高中阶段已经掌握了英语语法、句法的基本原则，到了大学主要是需要通过对已掌握的语言知识进行操练，以提高听、说、读、写综合技能。因此，除了培养学生的批判性思维能力外，如果在语言能力层面上以综合性发展为目标而不以培养某项语言技能为重点的话，就使课程在本质上与 Hitchcock 教授的示范课程非常相似——以英语为教学语言的、以批判性思维发展为目标的专门课程。

但是，在设计这门课时，笔者并不想对 Hitchcock 教授的课程进行简单复制。为了使学生在学习和使用批判性思维技巧时得到英语技能上的发展，需要确保学生在课程的学习过程中有充分的机会用英语进行听、说、读、写的操练。因此在选择教学资料时摈弃了中文教材，改为从之前搜集积累的批判性思维英文教材和批判性论证素材中进行挑选。在最后 6 个课时的批判性写作和评估单元中，加入了结合标准论证图示的写作技巧讲授和学生之间的同伴评估。另外，学生的课堂讨论、课内课外的写作任务也都需要使用英语来完成。

在搜集学生的反馈时，学生们普遍表示能感觉到自己的批判性思维能力有了积极的发展，但是英语技能却没有期待中的明显进步。在对部分学生的进一步访谈中笔者了解到，在课程学习进入最后 1/4 的时候，经过前期对批判性思维技能的学习和对论证素材进行批判性分析的操练，学生已经意识到自己以前思维中存在的不足，并渴望通过更多的写作练习去对刚学到的思辨技巧进行检验和提高，而这个需求是 6 个课时远远不能满足的。这让笔者意识到，要想在英语课堂上实现批判性思维与语言技能的共同发展，需要进一步了解学生的需求，为课程设定明确的、有针对性的教学目标，并以此为重点来组织内容、安排教学、设计活动、布置任务,并检验效果。

2.3 第三阶段:以写作为重点(2012年7月至今)

英语思辨技巧训练(以下简称英思)课程的开设虽然算不上是一次成功的尝试,但是给接下来的教学探索指明了方向。笔者确定了以议论文写作为重点发展技能的课程目标,开始了新一轮的学习和积累。2013年9月,在学校大力推动公选课课程建设的政策鼓励下,笔者申请开设了总计24课时的Critical Thinking and Writing(简称CTAW)公选课(教学大纲见附录A),选课对象为全校本科生。

对比英思和CTAW的教学大纲可以看到,除了教学内容变得更加明确具体之外,课程设计的思路发生了以下几个明显的变化。

(1) 加入了三段论和逻辑谬误的知识内容。对三段论的讲解和分析可以帮助学生了解论证中合理有效的逻辑形式,而介绍逻辑谬误则可以让学生不仅能够辨识常见的逻辑错误,并且清晰地指出这些错误的根源。通过对这部分知识的了解,学生得以从正、反两面加深对正确逻辑的认识,在进行批判性论证分析和写作时形成严谨、清晰的逻辑思路。在实际的教学过程中,学生往往觉得三段论特别难消化,但是到了后期用三段论分析逻辑谬误时就会感觉特别有趣并且有成就感。

(2) 写作在整个课程内容中的比重有所增加。作为课程目标和教学重点,写作作为专门单元讲授的课时(6课时)虽然没有变化,但是在整个课时数中的比例从不到1/5提高到了1/4。加上课堂内外设计了大量写作活动和练习,使写作技能的培养得以更加紧密地与批判性思维能力发展联系起来。

(3) 写作活动贯穿始终,并在课堂内外平行展开。在整个课程的修习过程中,学生需要完成两篇议论文的写作,课内课外各一篇(参见教学大纲)。课堂上讲授完相关的批判性思维知识、原理后,指导学生就课内命题进行随堂练习,课后再按照课内练习的标准对另一个命题展开练习。这主要是出于以下考虑:一是课内讲授批判性思维知识原理(尤其是以英语为教学语言时)对学生来说有一定难度,尤其是一次(通常在晚上)连上3节课,强度也很高。在课堂内展开一些即时性的练习活动,既可以做到张弛有度、避免枯燥,也能确保在练习中得到学生第一时间的反馈,作为检测教学效果和调整教学内容的依据。另外,通过平行设置课外写作练习,给学生提供更多的机会进一步检验和使用课内学到的知识和技能,这样可以使他们在相对短的周期内熟悉使用批判性思维进行议论文写作的合理框架和流程。

(4) 写作任务分步骤进行,与批判性思维教学内容相呼应。Hitchcock教授在他的课程设计中把写作任务拆解成了几个部分,要求学生分四次提交:对一个自选议题论文的核心论证、对核心论证的批判、对批判论证的回应、对前三次写作任务的整合。而 CTAW 则以课程教学内容为参照，要求学生分四个阶段就两篇议论文（课内课外各一篇）各进行一次写作和三次修改。第一次作业要求学生先根据自己的立场建构统领全文逻辑的三段论，然后在此基础上写出结构完整的初稿。二稿要求根据课堂上对归纳和演绎论证各种形式的进一步了解，对初稿的论据质量进行重点分析、评估并做出相应修改。三稿要求学生运用课堂教学中对逻辑谬误的理解和分析查找二稿中的论证漏洞和逻辑谬误，同时思考与文稿不同的立场会如何构成对本文立场的合理质疑，以及如何对这样的合理质疑进行回应，最后在这些分析的基础之上对二稿进行修改和调整。最后一稿则需要学生从全局评估自己论证的深度和力度，再结合课堂上对论证语言清晰度、准确性、衔接的连贯性、结构的一致性等方面的内容对自己的文章进行最后的修改和润色。在最初设计这样的写作任务时，笔者十分担心学生会抱怨无趣或者质疑这样做的意义。没想到很多学生都在反馈中对这样的任务布置给予了肯定，认为安排合理，而且表示整个完成作业的过程都让人非常受益。

CTAW 的课程建设和教学探索是一个漫长的、不断调整和丰富的过程。在每一轮 CTAW 教学结束后，笔者都会搜集学生反馈，以便在下一轮教学中做出相应调整。同时笔者还积极参加了外研社在 2014 年举办的以外语教学中的批判性思维技能培养为主题的教师研修班和在 2016 年举办的主题为写作教学与研究的研修班，以更深入地了解动态、更新理念、学习方法以及跟专家和同行交流。这些研修班的学习经历也启发笔者不断地对课程进行调整、充实和完善，尽量让学生在有限的 24 个课时中得到批判性思维和写作能力的共同发展。

3　学生反馈

以下罗列了一些教学过程中搜集的有代表性的学生反馈。通过这些反馈可以看到，CTAW 课程基本达到了预期的教学效果，不再是单纯地推动学生批判性思维能力的发展，而是在融合批判性思维技巧的写作教学中实现了两种技能的相互促进，同时学生内在的批判性思维习性和态度也得到了明显的提升。

3.1　整体评价

学生对课程内容的设置、教学手段、教学效果给予了较高的正面评价：

· 课程内容丰富而且生动，有用却不让人感到枯燥。

· 在连续被退选两个学期后，终于选上了这门课，学习的内容其实与我想的有偏差。我以为一开始就是教写作，后来发现是以锻炼批判性思维为主，通过批判性思维的建立来学习写作。这种感觉就是，千方百计想找金子，结果找到了钻石,简直赚翻了!

· 这是一门真正能让我们学有所获的课……这门课不仅是提高托福/GRE等考试中思辨性思维写作的应试技巧,我们还能将这种批判性思维应用到我们的生活中,让我们的思考富有思辨性,而不仅仅只是关注到问题的表面。

· 这次批判性思考与写作的课程是我在所有的公选课中最认真、投入最大的一门课,有时甚至超过了我在一些专业课上的投入。但是我觉得十分值得,因为在每一次的上课过程中我都能认识更多逻辑思考方面的知识,并且得到应有的训练。

3.2 批判性思维能力和习性发展

不少学生认为修习这门课程最大的收获在于思维方式的改变。他们在学习的过程中通过反思性的思考,意识到自己以往思维方式的不足和缺陷,并开始积极地将课程学到的知识和技巧运用到学习和生活中,逐渐提升自己的批判性思维能力。批判性思维不仅让他们对各种问题和事物的理解更加清晰、全面,而且让他们感受到思考的乐趣:

· 现在思考问题不再像以前那样立场摇摆不定,而是更加理性,更加有逻辑,更加严谨。以前对一个问题的看法往往掺杂太多个人因素而将问题变得很复杂,但尝试着将批判性思维运用于思考问题之后,虽然需要考虑的更多了,但是问题也更加清晰明了,思考感觉变成了乐趣。

· 在这门课上最大的收获就是有了批判性思维的意识。以前看待事物基本都是凭直觉,直觉地认为对或错,很容易夹杂个人情感在里面。突然发现以前读书都是不甚思考,全盘接受书中的思想观念。这也挺难为我的,因为书中总会有些完全相反的观点,而我竟也总是表示全都赞成。上这门课之前我就在反思,上完这门课之后我才觉得自己渐渐有了点批判性思维的意识。虽然只是开始,还比较薄弱,但总算是一个不错的收获。

· 一开始,我是被英语写作所吸引,但是真正来到课堂以后,我发现课程中对于逻辑思考方面的梳理和训练让我受益很多。这不仅仅体现在写作中,让我了解并懂得如何有逻辑地思考、组织语言并加以陈述,更与我的学习生活产生了关联。作为一个新闻学院的学生,在日常写作和表达中,我逐渐发现自己开始思辨地去看待问题并发现一些别人的逻辑问题,有方向性地组织自己的思维,回顾和分析自己之前的一些文章并发现问题,等等。每次梳理一番之后便感觉思路更加清晰,一些问题得到了解决,一些新的思考显现出来。

· 在课程以前,我一直认为自己作为一名逻辑思维能力很强的理科生有足够的批判性思维能力,而且自己经常与老师讨论、研究问题;但是在课程上我发现自己还远远不够:以前的理科学习给我一种事物总是非黑即白的感觉(除非有逻辑上的矛盾)，然而现在看来语言和生活中的一些问题并非如此“简单”。我学会了从不同角度看问题，而不是仅仅只下一个判断，然后寻找理由。这种看待问题的方法，可能是我在课程中的最大收获。

3.3 批判性思维与写作技能相互促进

批判性思维与写作技能的相互促进也在不少学生的反馈中得到印证。在批判性思维发展的过程中，他们意识到合理的论证立场离不开清晰严密的逻辑提纲，理解了合理论证的强度来自对论题进行多角度、有依据的分析，来自语言的谨慎。基于这样的理解，他们在写作中体会到了逻辑更加清晰、立场更加合理、内容更加充实、语言更加严谨带来的乐趣：

· 以前上的作文课教的都是技巧，并没有从根本上提高写作能力，因为逻辑是混乱的。而上这门课，通过分析学习优秀的 CTAW 的文章中的结构，逻辑走向等，渐渐地学会构建自己的提纲，构建自己的论证段落，到最终写一篇完整的文章，我在写的过程中能感受到自己在进步。而且就算是写中文的论文，也可以用这种方式写作，会轻松很多，也清楚很多……

· 通过这门课，构建了基本的逻辑架构，具备了受过高等教育的人的基本素养——辩证性思维。有了以下变化：①接触到一些很偏激的观点时能够从不同的角度去解构，分条列点说出漏洞。②看新闻变得更理智，更不容易被媒体的言论所左右。看到一些空间、微信转载的文章可以较为清晰地指出合理与不合理的地方。③看问题会刻意从反面去思索一下。④写英文文章，so，but，because 等词不敢乱用了，用前会想想内在逻辑是不是真的合理。⑤用了周老师的“观点＋论据”和命题的逻辑演绎法，写文章变得更饱满了。

· 这门课对我的作用，第一是重构了我的英语作文方式，以前我写作文都是想到什么理由写什么理由，不管它的逻辑强否，别人认可否，而且在下笔之前也没有一个很清晰的行文主线，有些构思在正式下笔之前就已经站不住脚。上了这门课，我知道必须让自己写的东西有理有据，整个文章也要让读者看得出究竟……

· 很大的收获就是知道了怎么写作文。原来写英语作文的时候都觉得无趣，不知从何写起，现在作文内容逐渐可以丰富起来，虽然由于英语水平的限制，用词还是不好，但是现在不排斥英语作文了，写到一些题目的时候还很开心。

· 上了 CTAW 的课，我觉得自己在写作当中的想法变多了。在这次的写作中，对于 better informed 这个话题，我本来是持赞同的态度的，自己的三段论也是这么写的，但是课程上到最后写 thesis 和 introduction 的时候，我彻底推翻了自己先前的观点，认为反方说的更有道理，虽然赞同的理由也很好，但是综合评估和考量下来还是倾向于反方的意见。

4 教学反思:任重而道远

回顾这些年在大学英语教学,尤其是写作教学中所进行的融合批判性思维能力培养的各种尝试和努力,笔者对这个过程中一线教师所需要面临的重重困难和挑战深有感触;同时,在培养学生的批判性思维成为其终生品质这条意义深远的道路上,也深切感受到"路漫漫其修远兮,吾将上下而求索"的使命感和求知欲。

作为语言教师,要在教学中践行批判性思维的培养,所面临的挑战首先就是跨学科的知识储备和积累。虽然在批判性思维的运用中体现的是技能,但是既然要教学就不能浮于表面,而且必须对它进行系统的学习和了解。这是一个非常耗费时间和精力的过程。除此之外,国内外关于批判性思维的教材种类众多,每种教材涵盖的内容丰富多样,侧重点和编写理念也各不相同。要想从这数十上百种教材中选择最符合自己教学需要的素材同样也是一项巨大的工程。这些课程前期的准备工作对于工作量已经饱和的大学英语教师来讲,并不是一件轻松的事情。

其次,在向学生深入介绍批判性思维的原理和方法时,难免要讲到某些相对艰涩的内容,比如逻辑三段论。当讲授这部分内容时,有些学生的英语听力和词汇量积累比较有限,白天还上了整整一天课(CTAW 所有的课都安排在晚上),就容易发呆、走神,影响教学效果。要避免这样的问题就需要教师在备课阶段多下功夫,多寻找契合学生关注层面的、生动贴切的素材,尽量做到让抽象的概念具体化,既有知识性也有趣味性,避免枯燥,才能让学生更容易接受。这对教师的教学策略和方法、课堂管理手段、沟通能力提出了很高的要求。任课教师需要精心设计和组织多种多样的课堂练习和活动,为学生创造自由、轻松的师生互动环境,尽量使学生能更积极地参与课堂教学。

另外,如何在翔实丰富的教学内容和相对有限的课时之间取得平衡也是一个长期困扰笔者的难题。由于教务处对公选课的课时限制,在做 CTAW 的课程设计时,不仅要把之前 32 个课时的内容压缩成 24 个课时,还要增加写作技巧教学的比重。再加上课程的周期只有 8 周,给学生消化吸收的时间也非常有限,导致课程信息量大、节奏紧凑。在课程反馈中,大量学生表示课程信息量大到不敢开小差,提出了延长周期、增加课时的建议。下面这位学生的反馈非常有代表性:"每次上这门课我都超认真(真话,上专业课敢玩手机,上 Lydia 的课绝对不敢)。倒不是说我的学习态度有多好,而是这门课信息量太大,总觉得走神一会儿就会听不懂了。而且每次听完课感觉自己都要升华了,不光是思维有所改变,还有脑中刚刚接受的知识太多,不太好消化。所以,我建议 Lydia 以后改成 2 个课时,多上几周,这比较有利于学生的学习。还可以适当增加一些课时,我觉得 Critical Thinking and Writing 这么快结课有点遗憾,总觉得还可以再多学一点,再多练一点。”

虽然学生们都对课程给予了积极正面的反馈和评价,但是笔者意识到选这门公选课的学生都具有很强的学习动机,尤其是冲着批判性思维来的学生更是在上课之前就有了相对较强的自省性思考。因此,如果要真正验证这种融合课程的教学效果如何、课程目标是否达到预期、批判性思维能力与写作技能的相互促进作用是否显著,下一步需要把教学和研究结合起来,制订严谨的实证研究计划,得出有数据支持的研究结论,以更好地为将来的教学探索提供更有价值的参考。

本章参考文献

[1] AFSHAR H S,MOVASSAGH H,ARBABI H R. The interrelationship among critical thinking, writing an argumentative essay in an L2 and their subskills[J]. The Language Learning Journal, 2017, 45(4): 419-433.

[2] ALNOFAIE H. A framework for implementing critical thinking as a language pedagogy in EFL preparatory programmes[J]. Thinking Skills and Creativity,2013,10:154-158.

[3] ASSADI N,DAVATGAR H,JAFARI P. The effect of critical thinking on enhancing writing among Iranian EFL learners[J/OL]. International journal of scientific & engineering research. 2014,4(3)[2018-10-06]. https://www. ijser. org/researchpaper/The-effect-of-critical-thinking-on-enhancing-writing-among-Iranian-EFL-learners. pdf.

[4] ÇAVDAR G,DOE S. Learning through writing:teaching critical thinking skills in writing assignments[J]. PS:political science and politics,2012,45(2):298-306.

[5] DEWEY J. How we think[M]. Boston,New York and Chicago:D. C. Heath,1910.

[6] DONG Y N. Teaching and assessing critical thinking in second language writing: An infusion approach[J]. Chinese Journal of Applied Linguistics,2017,40(4):431-451.

[7] EBADI S,RAHIMI M. An exploration into the impact of WebQuest-

based classroom on EFL learners' critical thinking and academic writing skills: A mixed-methods study [J]. Computer Assisted Language Learning,2018,31(5-6):617-651.

[8] GOLPOUR F. Critical thinking and EFL learners' performance on different writing modes [J]. Pan-Pacific Association of Applied Linguistics,2014,18(1):103-119.

[9] HITCHCOCK D. 批判性思维教育理念[J]. 张亦凡,周文慧,译. 高等教育研究,2012(11):54-63.

[10] HU M Z. Teachers' intervention in developing English majors' critical thinking when teaching writing in Chinese universities[J]. Theory and Practice in Language Studies,2017,7(12):1290-1294.

[11] THOMAS K, LOK B. Teaching critical thinking: An operational framework[M]//DAVIES M,BARNETT R. The Palgrave handbook of critical thinking in higher education. New York: Palgrave Macmillan, 2015:93-106.

[12] LIU J. Cultivation of critical thinking abilities in English writing teaching[J]. Theory and Practice in Language Studies, 2018, 8(8): 982-987.

[13] HARRELL M, WETZEL D. Using argument diagramming to teach critical thinking in a first-year writing course[M]// DAVIES M, BARNETT R. The Palgrave handbook of critical thinking in higher education. New York:Palgrave Macmillan,2015:213-232.

[14] MEHTA S R, AL-MAHROOQI R. Can thinking be taught? Linking critical thinking and writing in an EFL context[J]. RELC Journal, 2015,46(1):23-36.

[15] MIRI F,AZIZI D B. The effect of teaching critical thinking on Iranian EFL learners' essay writing[J]. Theory and Practice in Language Studies,2018,8(5):509-515.

[16] MOORE T J. Critical thinking and language: The challenges of generic skills and disciplinary discourse[M]. London: Continuum International Publishing Group,2011.

[17] SOLEIMANI H, KAZAZI N G. Critical thinking and writing: the effects of critical thinking on writing skill among Iranian university students majoring in TEFL[J]. International Journal of Language Learning and Applied Linguistics World,2014,5(4):254-266.

[18] SWARTZ R，PERKINS D. Teaching thinking：Issues and approaches [M]. Pacific Grove，CA：Midwest Publications，1990.
[19] 黄源深. 思辨缺席[J]. 外语与外语教学，1998(7)：1，19.
[20] 黄源深. 英语专业课程必须彻底改革——再谈“思辨缺席”[J]. 外语界，2010，136(1)：11-16.
[21] 李莉文. 英语专业写作评测模式设计：以批判性思维能力培养为导向[J]. 外语与外语教学，2011，256(1)：31-35.
[22] 卢丹，解月光，唐烨伟，杨鑫. 批判性思维导向的新型混合学习模式研究——以英语写作教学为例[J]. 中国电化教育，2018，377(6)：135-140.
[23] 戚佳鸣，朱莎. 批判性思维能力培养与大学英语写作教学的整合研究[J]. 高教学刊，2018(22)：48-50.
[24] 杨京鹏，吴红云. 内容知识与批判性思维对二语写作影响的实证研究[J]. 外语界，2016，172(1)：36-43.
[25] 杨娴. 批判性思维能力对英语写作水平影响的调查研究——以某大学2012级非英语专业硕士研究生为例[J]. 教育理论与实践，2014，34(21)：60-61.
[26] 余继英. 写作思辨“一体化”教学模式构建[J]. 外语界，2014，164(5)：20-28.
[27] 曾梦蕊. 论英语议论文写作与思辨能力培养[J]. 教育教学论坛，2012，23(8)：67-70.

附录 A：Critical Thinking and Writing 教学大纲

	Content	In-class Activities	After-class Reading	Writing Assignment
Week 1	Course Introduction & Fundamentals of CT * Critical Thinking * CT and writing in academic environment * The nature of argument	Questionnaire & Pre-test	Reading Materials for Week 1	

续表

	Content	In-class Activities	After-class Reading	Writing Assignment
Week 2	Understanding Arguments * Deduction & Induction * Deduction: Modus Ponens, Modus Tollens, and Disjunctive Syllogism * Induction: Generalization, Causal Reasoning, and Arguments from Analogy * Asking the Right Questions	Debate & Writing (Syllogism + Outline): Should cell phone use by drivers be banned?	Reading Materials: Deductive Reasoning. Climate Change Is a Serious Problem.	Teachers' salaries should be based on their students' academic performance (First Draft).
Week 3		Argument Analysis: Hetero by Choice? Discussion & Writing (First Draft): Should cell phone use by drivers be banned?	Climate Change Is Not a Serious Problem.	
Week 4		Argument Analysis: Should We Do Without Technology? Argument Analysis: 2 Reference Letters; Writing (Second Draft): Should cell phone use by drivers be banned?	Reading Materials: Inductive Reasoning; Professor Erica Brindley Vouches Ping Fu's Story.	Teachers' salaries should be based on their students' academic performance (Second Draft).

续表

	Content	In-class Activities	After-class Reading	Writing Assignment
Week 5	Analyzing & Evaluating Arguments * Fallacies * GRE Writing: Analyzing an Argument	Peer Review.	Reading Materials for Week 5;	
Week 6		Argument Analysis: The Moorburg Letter; Writing (Third Draft): Should cell phone use by drivers be banned?	Reading Materials for Week 5;	Teachers' salaries should be based on their students' academic performance (Third Draft).
Week 7	From Critical Thinking To Writing * Thesis & Outline * Introduction * Conclusion * Transition * Putting Everything Together: Unity, Support, Coherence, Fairness, and Sentence Skills	Argument Analysis: Score 6 Response to Sample Argument & Should We Do Without Technology? Writing (Revision): Should cell phone use by drivers be banned?		
Week 8		Peer Review; Argument Analysis: Should We Do Without Technology? Writing (Final Draft): Should cell phone use by drivers be banned?		Teachers' salaries should be based on their students' academic performance (Final Draft).

第二章 大学英语教学中思维能力培养的探索与反思

从教十几年,感受过大学英语欣欣向荣的发展,也经历了社会和学术界对大学英语教学的考问和质疑,而个人的教学也从最初的无畏无惑,到迷惑怀疑,到渐渐明朗,这期间笔者一直在实践、在探索、在学习、在研究、在自我教育。而指引笔者的,是对一个问题的思考:大学英语的教学目标是什么。由于教育背景、个人兴趣、所在共同体等多方面的影响,在大学英语教学中,除了语言能力外,笔者还确立了一些别的教育目标,如培养学生的思维能力、合作能力、跨文化交际能力等,并在实践中试着去接近这些目标。最近几年,笔者关注的重点之一是培养学生的思维能力。

1 大学英语课堂应该将思维能力培养纳入教学目标

思维能力在个体发展中的重要性是毋庸置疑的,而公民思维能力的强弱直接关系到民族兴盛与国家富强。正因如此,思维能力培养已经成为各国教育的一个重要目标。从政策层面上看,我国《国家教育事业发展"十三五"规划》(2017)明确提出要培养学生的创新创业精神与能力,而其中一个重要途径就是要从中小学做起,逐步培养学生逻辑思维与辩证思维的能力。日本文部科学省(Ministry of Education, Culture, Sports, Science and Technology,英文简称MEXT)将思维能力列入培养学生核心竞争力的一个重要方面。英国、俄罗斯、巴西、墨西哥、泰国、马来西亚等国也有类似的政策(Li,2016)。由美国教育部、美国教育协会等机构支持成立的21世纪学习联盟(Partnership for 21st Century Learning)(2016)认为学习和创新能力是区分学生竞争力的重要指标,而思维能力则是学习与创新能力的重要组成部分。

要将政策落实下去,必然要在课程上下功夫。虽然有的学校开设了专门的批判性思维、逻辑学等思维类课程,但由于各种原因,有机会上这些课的学生是极少数。因此,思维能力的培养主要还是靠学科教学。语言学科与思维紧密相关，将思维能力培养纳入教学目标会进一步促进语言教学。首先，英语中的输出性技能口语和写作都是思想的表达，要想有好的表现，除了语言能力外，还需要有清晰的思维。因此，说写技能的训练本就应该包括思维训练在内。其次，思维能力的提高，能促进其他语言技能的发展。Nosratinia 等(2015) 通过相关性分析发现，批判性思维能力与词汇学习策略之间存在显著相关关系。Marzban 等(2016)对伊朗的英语学习者的批判性思维能力和阅读能力进行了相关性分析，发现两者存在正相关的关系，这也意味着思维能力的提高能带来阅读水平的提高。这些研究表明，思维能力应该和听说读写能力一样成为语言教学的重要目标。

2　上下求索：作为终身学习者的教师

确立了将思维能力的提高与语言教学结合这一教学目标后，笔者知道首要任务是提高自己的思维能力和教学能力。在二十多年的受教育过程中，并没有学习过专门的思维方面的课程。如果要将思维能力提升作为教学目标，那么作为教师，必须要有相应的知识储备和能力，于是笔者做了一些相应的准备。

(1) 观摩思维能力课堂教学，参加教师培训。我校启明学院从 2009 年开始为创新实验班开设批判性思维课程。笔者参加了启明学院 2011 年举办的批判性思维课程建设研讨会及观摩教学活动，观摩了 David Hitchcock 教授大班示范课教学和董毓博士的大部分小班示范课(32 学时)。在 2013 年又参加了全国的批判性思维课程建设研讨会和批判性思维教学方法教师研习班。研习班上午观摩董老师的学生示范课，晚上进行教师研习。通过参加这两次会议和研习班的学习，笔者对批判性思维课堂的教学设计方法有了更系统的理解，也知道了今后努力的方向；并且还找到了一群志同道合的教师，以后在遇到困难的时候更容易获得帮助和指导，对自己的教学也多了一些信心。

(2) 阅读思维类书籍。虽然笔者以前看过批判性思维、逻辑学、非形式逻辑学等方面的书籍，但是离得心应手地应用于教学还是有距离的。作为语言教师，要有底气地站在讲台上实施思维能力的教学设计，还需要进行更广泛的阅读。于是笔者找来了董毓老师和同事推荐的一些书目，如《学会提问》、《可笑的思维谬误》、《批判性思维训练手册》、《思维》、《非形式逻辑导论》、*Smart Thinking*、*Informal Logic：A Pragmatic Approach*、*How to Read a Book* 等，一一阅读，夯实基础，寻找教学灵感。

(3) 阅读关于思维能力与语言教学相融合的文献。阅读思维方面的书籍让笔者对思维能力的含义、基本知识、训练方法等有了基本的了解，但要将其迁移到语言教学中，还需要做许多教学设计。阅读思维能力与语言教学融合的文献能帮助笔者了解语言学同行们在这方面做的工作，并更容易将自己关于思维能力的知识迁移到语言教学中来。于是通过关键词搜索，从 Web of Science，JSTOR 和中国知网等数据库获取论文，进行学习。

通过教师培训、课堂观摩、书籍阅读、期刊阅读等多途径的学习，笔者对这一领域有了初步的认识，在教学过程中也开始有意识地融入思维教学。

3 他山之石：融合思维能力培养的外语教学

3.1 思维能力

思维能力是一个特别广泛的概念，为了更好地聚焦，笔者接受了目前在教育界接受度很高的一个界定。它是 Anderson 等(2001)在 Bloom(布鲁姆)1956 年提出的教育目标分类基础上修正的六个层次的思维能力。这六个层次的思维能力分别是记忆、理解、应用、分析、评估和创造。记忆指从长期记忆中提取相关知识。理解是指通过诠释、举例、分类、总结、推断、比较、解释等方式对口头、书面或图形信息进行意义建构。应用是指实施某个过程，一般是指在另一熟悉的场景中使用信息。分析是指通过区分、组织、归类等将材料分解成部分，并确定部分与部分之间、部分与整体之间、部分与目的之间的关系。评估指根据准则或标准进行核查和批判，从而做出判断，它包括对某个决定或行为进行合理性论证。批判性思维能力与评估能力紧密相关，因为批判性思维能力涉及的重要技巧包括评估理由是否基于可靠的证据，理由是否能支持结论。创造指将元素组合在一起，形成新的整体，包括形成新的看法、产品或看待事物的方式，这一能力与创新能力关系密切。

3.2 我国英语课堂中思维能力培养之现状

近年来，思维能力与语言教学的结合受到的关注逐渐增加。龚茁等(2015)对我国 1964 年至 2014 年 17 种外语类期刊上发表的论文、公开出版的著作以及国家社科基金和教育部人文社会科学基金立项课题进行文献研究，发现学术界对语言与思维方式、思维能力、思维培养等的研究日益重视，逐渐形成了研究热点，而大部分研究主要以写作、口语、翻译等实践为端口发现问题，寻找出路。王颖萍(2017)以关键词“思辨能力/批判性思维＋大学英语/外语”对 CNKI 数据库中 1998—2017 年的核心期刊和 CSSCI 来源期刊进行检索，得到论文 46 篇。对这 46 篇文献进行分析得出的结论与龚茁等(2015)的基本一致。王颖萍(2017)发现这一领域获得了越来越多的关注，其研究内容主要集中在思辨能力培养与大学英语课程的辩证关系、思辨能力在大学英语教学中培养模式的构建、思辨能力与英语读写说的教学、思辨能力与教材课程研究等方面。

遗憾的是，这些年来的研究主要还是以理论研究为主，实证研究偏少（王颖萍，2017）。这在一定程度上反映了思维能力培养与语言教学结合的实践并不丰富。事实上，虽然越来越多的语言教师意识到了思维培养在语言教学中的重要性和地位，然而由于教师缺乏相应的思维教学能力和方法、学业考试设置侧重语言能力、教学时间不足等多方面原因，在实际课堂中对思维能力的培养并不多（Li，2016）。

令人欣慰的是，虽然实证研究不多，但它呈现了增加的态势（龚茁 等，2015）。随着研究者对这一领域实践的关注增加，一线教师有希望获得更丰富的资源和更多帮助，从而能更好地在教学实践中将思维能力培养与语言教学结合起来。不过，要真正让思维能力培养落到实处，还必须从师资培养、课程设置、测试、教材等方面进行系统变革（Li，2016）。

3.3　如何培养思维能力

在已有的文献中，有不少文献对思维能力培养给出了一些建议（文秋芳，1999；梁丽 等，2006；刘晓民，2013；Obaidullah，2016）。这些建议能为教师进行课堂活动设计提供指导。如文秋芳（1999）建议在口语课堂中设计的口语活动要对学生的思维水平有挑战性；设计培养归纳和抽象能力的活动；设计培养辩证逻辑思维能力的活动；设计培养创造性思维的活动。刘晓民（2013）提出了思辨能力培养模式，这个模式包括营造课堂环境，鼓励学生质疑和提问；依托课程内容，知识学习和语言学习相结合；加强自主学习，鼓励个性化学习；改革评测方式，发挥形成性评估作用。Obaidullah（2016）建议教师在课堂中使用思维技能；让学生思考，进而进行对话和互动；培养学生的思维习惯；帮助学生获得语言知识；鼓励学生用目标语言进行思考；在教案中加入分析、综合、评估元素等。这些指导性原则能给教师指明方向，但要将这些建议贯彻落实下去，还要靠教师的悟性，因为从原则转变到实践还需要合理的活动设计。

除了这些指导性原则的文献外，还有一类文献对一线教师特别有启发，那就是实际教学案例。Kusumoto（2018）以日本南部一所公立大学大一新生的英语学习课堂为例，描述了如何通过主动学习培养学习者的批判性思维能力。Waters（2006）在 Sanders（1966）对布鲁姆的教育目标分类的改编基础上，针对每一思维层次进行了进一步的说明，并列举了一些课堂活动，用以说明如何培养某种思维能力。如在分析能力培养中，他举的例子是“Think of a paper model you know how to construct and write instructions for making it”（Waters，2006）。这样的活动举例能给一线教师一些启发，但要在实际课堂进行操作还需要教师结合课程教学目标，进行更多的思考和设计。

最贴近我们实际课堂教学的是我国的英语教师贡献的课堂教学设计案例。毛荣贵(1987)分享了精读课中用于培养学生思维的流畅性、变通性和独特性的教学设计,着重培养学生的发散性思维能力。郑志恋(2002)提出通过思索性问题来培养学生的思维能力,并以英语专业基础阶段的基础英语课为例,说明和讨论了在语言交际活动、篇章讲解分析两个环节中如何运用思索性问题来同时发展语言技能和思维能力。韩少杰等(2009)以英语专业精读课程中的一课为例,展示了如何在精读教学中融入批判性思维能力培养,其思维能力的培养主要体现在让学生提问、回答思索性问题,而不是回忆性问题。通过提出问题、回答问题来培养学生反思性提问、分析、解释、评价等多种思维技能。古明等(2017)以大学英语阅读课为例,说明如何在阅读课中培养批判性思维能力。倪晓红(2018)以 *Father Dearest* 阅读教学为例,详细描述了教学设计及每一设计环节中对学生思维能力的培养路径。裴正薇等(2018)通过实证研究探讨了不同认知层级问题驱动下的小组讨论与思辨能力发展的关系。这样的案例与实践紧密结合,非常利于一线教师迁移到自己的教学中去。

4 如琢如磨:笔者的实践

由于有心将思维能力培养融合到英语课堂中,无论是平时自己学习研究还是教学设计,笔者都会特别留心这方面。在实际教学中,既有模仿借鉴他人的时候,也有小小创新的时候。总的来说,主要采取了以下一些方法。

4.1 通过教学活动设计,挑战学生高层次思维能力,促使学生进行主动思考

我校学生聪明,喜欢动脑,将思维与语言学习结合可以让学生更积极地参与英语学习。比如在上海外语教育出版社出版的《全新版大学英语综合教程 3》的第二单元 *The Freedom Givers* 中,作者讲述了美国 19 世纪奴隶争取自由、逃往自由之地的故事,中间出现了大量的地名。在提供了相应的背景知识后,笔者给学生了提供了一幅标有 1—6 六个地点的地图和 A—F 六个地名,让他们根据课文内容,找出 1—6 和 A—F 的对应关系。这样的一个练习考察了学生的分析能力,他们必须要读懂文章,找到这些地方的相对位置关系,做出判断。那些地名不再是无意义的名词,而是在有文化背景的地图上的实际存在。这样的阅读,也不仅仅是解码单词和句子的过程,而是寻找意义、寻找关系的阅读过程。

再比如在《全新版大学英语综合教程 4》的第一单元 *The Icy Defender* 中,也出现了许多地名。笔者要求学生根据课文画出拿破仑和希特勒的进攻路线图,通过这一活动,促使学生对所读到的语言信息进行深层次加工,并以地图的

形式展示思考结果。画出地图后，学生将地图传到微助教上供教师检查，然后与同伴进行比较，看看有没有差异及产生差异的原因。学生比较完毕后，笔者会邀请作图正确的学生讲解画图的理据，作图错误的学生反省理解或思维出错的原因。在这样的活动中，阅读成为一种手段，而不是目的。学生们很愿意参与这一类的活动。

4.2　讲解并示范思维技能，挖掘思维潜力

很多时候，学生也知道思维能力很重要，但由于没有接受过专门的思维训练，并不知道如何去思考。因此，在课堂上，笔者会专门讲授一些思维技巧。比如在阅读课堂中，笔者会教授通过提问的方式来加深对课文的理解。受 *How to Read a Book*（Adler et al.，1972）这本书的启发，笔者告诉学生在阅读过程中我们可以提出四种类型的问题：初级问题（elementary questions），纵览性问题（inspectional questions），分析性问题（analytical questions），比较性问题（comparative questions）。初级问题是关于语言理解方面的问题，可以提出的问题是：What does the word / sentence mean? 纵览性问题是略读文章时提的问题，如：What is the passage about? 分析性问题是分析句子的深层含义，句与句/段落/篇章之间的关系的问题，如 How is the main idea supported? 比较性问题是将一篇文章与其他文章进行比较，或者将文章中讨论的问题放在不同条件下，从而提出的问题，如 What is it like in China? 讲解完基本概念之后，以《全新版大学英语综合教程 3》的第一单元 *Mr. Doherty Builds His Dream Life* 中的第 10 段为例，分别提出四类问题，并要求学生回答。

- Inspectional Question：What is the paragraph about?
- Elementary Question：What does “pick up” mean?
- Analytical Question：How many types of expenses does the author mention?
- Comparative Question：What expenses does a typical Chinese family pay?

学生自己发现纵览性问题和初级问题好回答，但分析性问题和比较性问题不太好回答，需要深入分析文章或查阅更多的资料，但对这两类问题的回答会带来更大的收获和成就感。示范后，作为家庭作业，要求学生阅读文章并提出四类问题，同时，试着去解决自己提出的问题。之后通过微助教平台收集学生的问题，并精选出一些好问题，在下一次上课时让学生回答。每次提问作业，都能收集到不少好问题。比如读完 *Mr. Doherty Builds His Dream Life* 一文后，学生提出的问题包括：

- What role does the author’s wife play in their life in the country?

· In paragraph 1, the writer says "there are two things I have always wanted to do — to write and live on a farm." However, he doesn't talk much about writing in this essay. Why?

· Why does the writer think a tolerance for solitude is important? Why will the writer feel lonely if he has his family with him?

· At the end of this essay, the writer said that he knew that they had found what they were looking for. What exactly were they looking for?

· Are there any differences between the life described by the author and that by Thoreau?

回答问题采取小组内合作,小组间竞争的方式,以鼓励学生们积极发言,也因此收获了不少好的回答。比如在回答*What role does the author's wife play in their life in the country*?这一问题时,学生们会去思考女性在乡村生活中所扮演的角色,而通过分析,学生们发现作者妻子所承担的责任甚至比作者还要多,有个学生因此引用了一句话来说明女性的重要性,她说,"To educate a man is to educate an individual, but to educate a woman is to educate a whole nation."虽然女性角色并不是文章的写作重点,但是学生们通过综合文章中对妻子的描述却得出一个令人深思且高于课文的结论,而大家对能恰当引用"to educate a woman is to educate a whole nation"的同学也佩服不已。通过这样的提问-回答的方式学习课文,学生们不但领略了别人的提问能力,也愿意试着去回答问题,对课文的理解更有深度。

4.3 提供思维框架,引导学生思考

有的时候,并不是让学生去想他们就会去想,不想的原因也许是他们不知道如何去想。在这种情况下,就有必要提供一些"脚手架"来帮助学生。比如,为了让学生在网上进行深度讨论,笔者设计了一些讨论标签或者说是讨论"支架"(见表2-1),标签告诉学生可以从什么角度来讨论,给予学生指引。学生针对某一问题进行网络讨论时,要思考自己的观点(point)是什么,有什么论据支持(support)。看到别人的发帖后,决定是否质疑(challenge),质疑的理由是什么。当自己的观点受到质疑后,要进一步解释与澄清(clarification)自己的观点,也可以进行反驳(rebuttal)。如果不理解别人说的话,也可以进一步提问(request)。讨论过程中也可以针对语言表达(language)和讨论秩序(moderating)进行发言。学生每次发言时,要先考虑发言的目的,写出讨论标签,再有针对性地论述。

表 2-1　讨论标签设置及含义(丁煜,2013)

标签名称	含义	标签名称	含义
+	正方,与后面的标签搭配使用	Request	对不清楚的地方进行提问
−	反方,与后面的标签搭配使用	Clarification	对论点、论据、质疑、反驳、提问等的进一步解释与澄清
Point	主要论点	Language	语言表达
Support	支持论据	Moderating	讨论管理
Challenge	对论点或论据的质疑	Other	其他
Rebuttal	对质疑的反驳		

在口语课堂上,笔者经常会要求学生就一个问题说上一两分钟,一方面是锻炼语言能力,另一方面是锻炼思维能力。为了激发他们思考,在让学生进入练习之前,通常会让他们谈谈这一两分钟可以讲什么内容,用什么方式组织语言。比如话题"Are you an optimist or a pessimist?",如果直接问学生的话,他们可能一两句话就说完了。如果要说长,怎么办呢?大家一番头脑风暴后,认为可以举例说明(用举例法);也可以说说作为 an optimist 或 a pessimist 带来的好处或坏处(用列举法);还可以说说以前是怎样,现在又怎样(用对比法)。这样的训练多了,学生的思维会慢慢打开,同时也更熟悉语言的组织方法。

4.4　抓观点与论证,训练学生的思维

观点与论证是批判性思维能力培养的重点,也是笔者在阅读和写作课堂中关注的重点。在阅读课堂上,我们可以分析并评价作者如何提出论点、用什么论据支持论点、论据是否有说服力、论证是否充分、在论证过程中是否有逻辑错误等。这样的阅读体验,超越了对文本字面的分析,可以让学生感受到深层的思维方式,并且可以逐步让他们有意识地在阅读中保持不盲信、公正批判的心态,比如《全新版大学英语综合教程 4》的第六课 *Old Father Time Becomes a Terror* 就是一篇非常好的讲论证的文章。笔者不仅分析了文章中用到的各种论证方法,还问学生有没有找到作者的逻辑漏洞。通过认真思考,有的学生会发现作者在谈到技术的时候,只讲了技术给人们生活带来的负面影响,而淡化了技术带来的好处。笔者会告诉他们在劝说性文章或宣传材料中有一种常用的手段叫 card stacking,中文叫洗牌作弊法或洗牌法,作者只给出对论点有利的证据,而模糊、淡化或有意遗漏不利的证据。因此,在阅读时要先对作者的观点

持保留态度,多想想有没有反面的论据。通过这样的训练,可以培养学生思维的严密性和质疑精神。

同样,在训练学生写作时,笔者比较注重作文的内容和逻辑。学生提出一个观点后,一定要有足够的论证才能获得笔者的认可,得到一个好的分数。在分享优秀作文的时候,选出来的作文一定是论证充分或角度新颖的作文。通过这样的分享,学生们能了解好的思维方式,学会从多角度看问题。同时,思维能力强但语言能力不那么强的学生有机会成为语言课堂的模范,这也能从一定程度上促进他们更积极地学习语言。比如,在讲到问题-解决写作模式时,让学生写一个校园问题,有不少同学写的是校园交通问题,一般都写的是高峰时期道路拥堵、人车混杂等。但有一个同学从道路设计的角度分析了通往教学楼的道路存在的安全隐患,她分析了道路的特点,人流量与道路的关系,特别是发生火灾的时候,由于道路设计不合理可能会带来的灾难性后果。虽然文章中有许多语言错误,但文章的角度、论证方式得到了全班同学的认可和赞赏。

5 日省月修:通过反馈不断完善教学

教学是一个不断获得反馈、不断改进的过程。每个学期笔者都会有针对性地收集学生的反馈,从而调整自己的教学。

5.1 反思一次不甚成功的实践

在 2018 年之前的思维能力培养教学中,由于课时的限制,没有将反馈融合到所有的课堂活动中,而是只通过一两种活动进行训练,确保单个活动达到效果。但随着自己课堂管理能力的提升,笔者在 2018 年春季学期开始了比较全面地将思维能力融合于英语教学活动的系统设计,并在所教的班上实施,花了很大气力在思维能力培养上。但遗憾的是,没有从学生作业中看到非常显著的改进。其中可能有多个原因,比如教师讲解不充分,课时太少训练不充分,学生不重视等。于是,笔者在 QQ 群里问了这样一个问题:“我在教学过程中,着力于培养学生的思维能力,比如提问的能力,说话的理据(回想一下我总要你们用细节支持你们的论点),阅读中的批判性思维等,你们感觉到了吗? 遗憾的是,这种培养似乎收效不佳。为什么?”有的同学在群里回复,有的同学写邮件回复,有的同学私聊回复。学生的解释大体可以归为三类:建议型、自责型、鼓励型。

(1) 建议型。

· 对于培养思维能力,我觉得确实老师教会了我一点。但是这是在结课之后才体会到的,不知道是不是老师强调得比较少,或者是我上课没有听讲。我觉得如果上课的时候经常强调一下培养思维能力，效果会更好，因为就我自己的体验的话，之前很多次我都不知道上课进行的那些活动对我有什么意义，所以当时就很困惑。现在才明白了，但是时间也晚了。之前发现自己上课目的性不强，当时也是雁过不留痕，也没有仔细地去想为什么。

(2) 自责型。

· 不是你的原因，是我们太懒了，课文没有预习，生词也比较多，读不懂。我的英语不是很好，所以很多时候，尽管你一直在启发，我们还是不开窍，是因为我们的思维惰性啊。

· 老师，其实这种现象不能怪你。我们太偏理科，导致形成一种现象，大家都觉得英语无所谓，学分低学院不重视，导致学生也不重视。就算想好好学英语也感觉自己很懒散。学不学是学生的事情，教不教是老师的事情。我觉得老师做得很好。只是我们尤其是我没有很好地配合而已。

· 感觉大学里面去学习，除了应付期末考试，除了自己的兴趣使然，没有其他原因了。高中的应试教育框架下，在大学接触丁老师的教育方法，大家还是有兴趣的。只是可能真的是没有意识到重要性，或者因为思维惰性，不想去改变，当然也有可能是自己本身的能力差一点，不怎么跟得上。

· 至于思维能力，这个是要看自己的悟性的吧。丁老师是在想办法训练我们的思辨能力与逻辑能力以及批判性思维，这些和个人习惯有关。效果肯定是有的，但具体到个人有多好，则因人而异。大家有没有做好，和大家有没有认真配合有关。总之丁老师做得很好啦。

(3) 鼓励型。

· 总的来说，我觉得老师你做得是比较好的，我是说真的。上了大学，我觉得学知识，比高中应试感更强，因为大学的期末考试是有重点的，要考试刷题就好了，不求甚解。但在你的课堂，你有教育而不是教学的想法，所以你的课堂是不一样的啊。

· 至于对于思维能力的培养，我觉得这是一个长期的过程，短期内可能看不出结果。但是我相信，我们带着您交给我们的思维方法去思考的问题，对今后的英语学习都是有很大帮助的，之前做四级题就有些感觉。所以老师不必因为现在的我们没有达到预期而改变自己的教学方法。严格的要求，对思维的培养都是老师对我们负责的表现，希望老师能够坚持，几年后的我们定会感谢老师您的！

虽然收到的回复都比较正面，学生们也认可思维能力培养这一教学目标，但从反馈可以看出，笔者没有有效地激发学生的学习兴趣，也没有激发他们思考的积极性。在以后的教学中，应该再多花一点时间去激励学生，让他们意识到思维在英语学习中的重要性，不再是为了完成老师的任务去学习，而是愿意主动去学习和思考。

5.2 反思有起色的再次实践

在2018年秋季新生的英语导学课上，笔者告诉他们大学英语和高中英语学习将会有很大的不同，大学英语不仅有语言能力的训练，同时对思维能力提出了更高的要求。在接下来的教学中，笔者不断强调思维的重要性以及各个活动对思维能力的要求，举出的每一个优秀的范例必然都体现了良好的思维能力。通过学生们的课堂发言、作文、作文互评等，笔者也很欣喜地感受到了他们对思维能力的重视以及在这方面的努力和进步。在学期反馈中，笔者让学生谈谈他们大学英语学习与以前英语学习的不同、收获和不足，以及老师在教学中做得比较好和不太好的地方。

在谈到大学英语与以前英语学习的不同时，不少同学提到了思维能力，如：

· 高中比较重视语法、单词能力，但大学更重视的是思维能力。

· 写作和高中完全不一样，模板不好用了。要更重视逻辑性和结构。

· 大学的英语需要我们表达出我们的思想深度而不是像高中那种点到为止，我们需要在表达中有极高的逻辑思维性。

· 之前在写作文方面不会对于细节、论据要求这么严格。

· 思想的交流和鼓励更多了。

· 大学英语更重视自己的思维能力和理解，要学会表达自己的想法。

在谈到收获时，很多学生提到了思维能力，如：

· 经常接触口语练习，说英语的频率增加了，小组讨论的时候踊跃了，对课文的学习和理解更深入了。

· 思维能力也在课堂上通过回答问题的形式有了较大的提升。

· 了解大学缜密的写作思维，对我的练习方向很有帮助。

· 学会了如何在作文中对观点进行详细的阐述。

· 学会了作文的评价。全新的写作思路，大学英语的写作要求。

在谈到比较好的做法时，学生们也肯定了一些培养思维能力的教学方法，如：

· 安排学生在学习课文之前先进行预习，并提出有关课文的四个层次的问题。

· 让学生读课文找问题，可以促进学生对课文的理解，开发学生的想象力；还有口语作业，可以让学生表达自己的想法，有利于更熟练地掌握英语口语，同时发散思维。

· 对课文进行不同层次的提问，让我们更好地学习课文，小组抢答形式也很新颖。

· 对作文逻辑性的讲述。

· 写作和作文批改的做法好。

从学生的反馈可以看出，大部分同学对目前的教学持肯定态度，也逐渐接受了这种思维能力训练与语言学习结合的教学方式（其实笔者在教学中也使用了洗牌的策略，告诉学生们大学英语就是这样的。更准确的说法应该是，笔者所教授的大学英语就是这样的）。学生们也从这种教学中找到了乐趣，有所收获。尽管如此，也有同学表示了不适应或不同的看法，如：

· 课堂上注意的是综合能力，而基本的词汇、语法知识需要自己去总结记忆，不太适应。

· 高中的学习能让我更多地记住单词！还有就是会让我对于期末考试更有底气。希望能多一点对于做题目的指导。

· 四类题目找答案的环节有点浪费时间，并且有部分问题容易有不同的理解，形成不一样的回答，但仍然有一定理由。

· 学英语的最终目的还是比较功利化的，我们还是需要把考试分刷高一点，为四六级还有其他类型的英语考试做准备。希望教学的效果更直接为好。

· 以前的英语重视理论的教导，包括单词背诵、句型和语法的正确形式，大学更注重文章理解，听说读写能力。并不完全适应，因为有时候会感觉无所适从，收获不大，在基础仍有漏洞的情况下有时候学习会较吃力。希望对基础较薄弱的同学能增加一定的提升训练。

学生的反馈反映了笔者在教学中遇到的一些问题，这些问题也是很多老师可能遇到的。首先，学生水平不一，有的学生在外国语学校上的中学，听说读写能力都不错，能很快适应大学的全英语教学，在此基础上加入思维训练，不会让他们有太大的负担。有的学生高中英语学习完全是应试型的，没有上过听力口语课，阅读就是做题，写作也是模板式的，因此需要比较长的时间来适应笔者的教学方式和方法。面对这种混搭的课堂，如何去平衡，让大家都有收获，需要进一步探索和研究。

其次，由于教学课时有限，如果教师花了时间进行思维能力的训练，必然要减少花在其他技能或知识点上的时间，这也可能导致学生不满意。比如，虽然笔者在课堂上会给学生讲授词汇学习方法，也会不时提一提重点词汇，但不会一个个单词地讲解意义和用法。尽管笔者一再告诉学生课堂上只会讲些方法，学习单词要靠自己课后的功夫，但依然有学生觉得上课不学点单词、语法就不踏实，仿佛上课就没有收获一样。如果学生的观念不改变，那么势必影响他们的学习效能，也会影响他们对课程的满意程度。

再次，四六级考试、期末考试等考查的主要还是语言能力，考试的反拨效应可能导致学生不接受对思维能力要求高的英语教学。并且受长年标准化测试的影响，有的学生一时无法接受有的问题没有唯一正确答案，认为对这类问题的讨论有些浪费时间。这种不接受、不认可的态度可能导致学生上课时不积极参与，从而影响学习效果。学生的抗拒还可能影响教师的评教结果，打击教师的教学热情。

6 任重道远：教学原是一种修炼

语言与思维有着天然的紧密联系，与思维能力结合的语言课堂教学也得到了越来越多研究者和教师的关注与重视。这样的探索无疑是艰辛的。总结将思维能力与语言教学进行融合这一过程时，笔者惊讶地发现自己的投入比所认为的还要多。笔者花了很多时间进行学习和培训，花了很多时间进行教学设计，也花了很多时间去收集和分析学生的作业和反馈，这一切只是为了让学生能在英语课堂上有收获，为了让学生习得能相伴他们一生的能力。

面对英语水平参差不齐、对语言课堂期望各异的学生，在有限的学时内，如何同时顾及学生的语言能力和思维能力发展？如何从教学实践中抽离出对语言教学领域有价值的东西，让个人的实践变成共同体的实践？我们需要在动态变化的系统中不断寻找平衡点和突破口。然而正如 Li (2016)所说，要真正让思维能力培养落到实处，还必须从师资培养、课程设置、测试、教材等方面进行系统变革。然而，我们不能等待系统变革到理想状态再来追求我们的教育理想。我们要有足够的判断力和勇气、独立的精神，勤奋努力，尽职尽责，互相勉励，互相支持，不断提高，打造更好的教育环境。

本章参考文献

[1] ADLER M, DOREN C V. How to read a book[M]. New York: Simon & Schuster, 1972.

[2] ANDERSON L W, KRATHWOHL D. A taxonomy for learning, teaching, and assessing: A revision of Bloom's taxonomy of educational objectives[M/OL]. [2018-11-17]. http://thepeakperformancecenter.com/educational-learning/thinking/blooms-taxonomy/blooms-taxonomy-revised/.

[3] KUSUMOTO Y. Enhancing critical thinking through active learning [J/OL]. Journal of the European confederation of language centres in higher education. 2018, 8(1): 45-63. [2018-10-17]. https://doi.org/10.1515/cercles-2018-0003.

[4] LI L. Integrating thinking skills in foreign language learning: What can

we learn from teachers' perspectives? [J]. Thinking Skills and Creativity,2016(22):273-288.

[5] MARZBAN A,BARATI Z. On the relationship between critical thinking ability,language learning strategies,and reading comprehension of male and female intermediate EFL university students[J]. Theory and Practice in Language Studies,2016,6(6):1241-1247.

[6] Ministry of Education,Culture,Sports,Science and Technology of Japan (MEXT).「学士課程教育の構築に向けて」中央教育審議会答申の概要[EB/OL]. [2018-10-19]. http://www. mext. go. jp/b_menu/shingi/gijyutu/gijyutu4/siryo/attach/1247211. htm.

[7] NOSRATINIA M,ABBASI M,ZAKER A. Promoting second language learners' vocabulary learning strategies: can autonomy and critical thinking make a contribution? [J]. International Journal of Applied Linguistics & English Literature,2015,4(3):21-30.

[8] OBAIDULLAH M. Role of "thinking" and "understanding" as two other major skills in learning a language: A pedagogical interpretation[J]. Advances in Language and Literary Studies,2016,7(6):209-215.

[9] Partnership for 21st Century Learning. Framework for 21st century learning[EB/OL]. (2016)[2018-10-19]. http://www. p21. org/storage/documents/docs/P21_framework_0816. pdf.

[10] SANDERS N M. Classroom questions: What kinds? [M]. New York: Harper and Row,1966.

[11] WATERS A. Thinking and language learning[J]. ELT Journal,2006,60(4):319-327.

[12] 丁煜. 利用讨论标签提高思维和语言能力的实证研究[J]. 外语电化教学,2013(4):52-58.

[13] 龚茁,柴改英. 我国外语教育中的思维研究:基于语料库的回顾和展望[J]. 外语电化教学,2015(6):69-75.

[14] 古明,朱杰. 大学英语阅读课上培养学生批判性思维能力的模式探索[J]. 现代信息技术与外语教学,2017(6):118-122.

[15] 国务院. 国家教育事业发展"十三五"规划[EB/OL]. [2018-10-19]. http://www. moe. edu. cn/jyb_xxgk/moe_1777/moe_1778/201701/W020170120294094098749. docx.

[16] 韩少杰,王小英. 英语专业精读教学与学生批判性思维能力的培养[J]. 外语教学,2009,30(6):67-70.

[17] 梁丽，田春明. 英语专业学生思维能力的培养[J]. 外语教育，2006(1)：34-37.

[18] 刘晓民. 论大学英语教学思辨能力培养模式构建[J]. 外语界，2013(5)：59-66.

[19] 毛荣贵. 在精读教学中培养学生发散思维能力的尝试[J]. 外语教学，1987(1)：16-21.

[20] 倪晓红. 例谈高师英语阅读教学与学生思维能力的培养[J]. 文教资料，2018(24)：230-234.

[21] 裴正薇，邢艳红，徐黎. 不同认知层级问题驱动下的小组讨论与思辨能力培养[J]. 外语与外语教学，2018(5)：118-128.

[22] 王颖萍. 国内大学英语关于思辨能力培养的 20 年研究综述(1998—2017)[J]. 海外英语，2017(11)：94-95.

[23] 文秋芳. 口语教学与思维能力的培养[J]. 国外外语教学，1999(2)：1-4.

[24] 郑志恋. 英语教学中思索性问题策略与思维能力培养[J]. 外语界，2002(5)：30-34，41.

第三章　大学英语教学中提高学生批判性思维能力的教学活动设计

批判性思维能力是指合理利用已知信息进行独立思考，通过总结、分析、判断、评价、创造等一系列的思维活动认识世界，并将知识和自己的生活经历相联系，解决实际问题的能力。这是一种“依据标准，对事物或看法做出有目的、有理据的判断能力”(文秋芳 等，2009:37)。这项能力对于学生的创新能力、学业发展、接受社会挑战都具有重大意义。批判性思维能力培养应该是高等教育的必选目标(McPeck，1981；Siegel，1980)，如果将分析问题和解决问题的批判性思维能力作为教育目标，这种“具有综合性、迁移性、系统性的能力能够让学生终生受益”(文秋芳，2012:18)。

1　国内研究现状

我国英语界对批判性思维能力的探讨始于黄源深(1998)对外语专业学生“思辨缺席症”的探讨。自此，不断有学者和一线教师参与到相关讨论中来。有的致力于构建培养批判性思维能力的理论框架和模式(如高瑛，2015；阮全友，2012 等)；有的从培养目标、课程设置、测试方法、教材编写、教师发展等几个方面探讨大学英语批判性思维能力培养综合策略(如孙友中，2011；文秋芳 等，2010)；有的开展实证研究，探讨培养学生批判性思维能力的有效途径(陈晓丹，2013；刘航，2012；孙旻，2014；文秋芳，2012)。经过外语界同仁们 20 多年的努力，培养批判性思维能力已经深入人心，广大外语教师也正在努力将培养学生批判性思维能力纳入自己的教学目标。当然，仅仅有教学目标是不够的，更重要的是“设计有效的教学活动来日复一日地促进这些高级认知能力在学生大脑中的成长”(孙有中，2011:52)。

那么如何才能设计有效的教学活动来发展学生的批判性思维能力呢？有的教师在阅读课堂上设计教学活动，或通过对学生进行批判性阅读策略培训的方式(刘伟，2006)，或通过精心设计提问的方式(韩少杰，2009)，来培养学生“对文本的高层次理解，包括对文本的释义和评价的技能，分辨重要和非重要信息，把事实与观点区分开，并且确定作者的目的和语气。同时，能通过推理推导出言外之意，填补信息上的空白部分，得出符合逻辑的结论”（韩少杰，2009:69）。有的通过设计写作测评模式，引导学生进行批判性思维写作（李莉文，2011；孙有中，2011）。有的在写作教学中，以教师提问为中介，对学生议论文写作进行干预，观察教师提问对提高学生批判性思维某项技能的作用（陈亚平，2016）。有的通过口语教学设计相应的教学活动，比方说尝试将交际理论引入口语课堂，将辩论的技巧和理论引入学生的口语中，试图在英语专业口语教学中提高学生的批判性思维（刘航，2012；宋毅，2012）。有的教师组建合作学习小组，将每个组员的学习责任和义务明确分工，以互相学习、互相评估的方式引导学生批判性思维能力的提高（陈晓丹，2013；邵朝杨，2015）。在这部分教学设计的研究中，大部分都是针对英语专业课堂的，针对非英语专业大学英语课堂展开如何提高学生批判性思维能力的研究比较少。而且前人研究多是提出一种教学模式，对微技能教学活动的设计研究较少，这也是本章所要探讨的问题。

一直以来，大学英语课堂主要教学目标还是培养学生的语言能力，由于批判性思维能力是思维的高阶能力，英语能力会影响学生驾驭思想的能力，所以大家普遍认为语言水平低，不利于发展批判性思维能力。如果过度强调培养批判性思维能力，英语学习就“无法‘落地生根’，课堂上看似‘热热闹闹’，外语课堂教学成效却不明显”（文秋芳 等，2015:7）。基于以上原因，大学英语课堂上鲜有培养学生批判性思维能力的研究。但随着时代的发展，学生英语水平的逐年提高，非英语专业的学生考入大学的英语分数一路攀升，在大学英语课堂上进行批判性思维教学成为可能。此外，“语言水平低的学生，并非就无法发展批判性思维能力。任何语言材料，只要教师精心设计，都有可能将学生的思辨力水平推向更高的层次”（文秋芳 等，2015:8）。因此，大学英语教师面临的挑战实际上是如何精心设计与学生英语能力相匹配的教学活动，从而有效地促进学生批判性思维的水平。这给大学英语教学工作提出了更高的现实性要求。

2 教学活动设计

鉴于目前我国大学英语教学的现状，把对学生批判性思维能力的培养融入语言教学之中势在必行。笔者将基于具体教材及教学实例，探讨教师如何通过具体教学活动有效培养学生的批判性思维能力。

2.1 从电影入手，激发学生的思维

培养学生的批判性思维必定涉及积极开动脑筋，由于中学英语学习基本以

做题为主，学生们不太习惯动脑，对于脑负荷太大的活动一般来说兴趣不大。但是看电影却不一样，因为好的电影情节精彩，主题突出（或明或暗），人物塑造立体，容易引起观众的深思。只要给予学生适当的观影指导，他们思考的兴趣很容易被激发。一般来说，笔者会每1～2周布置学生看一部电影，并且让他们写影评。写影评并不是一件容易的事，学生很容易偷懒，从网上找一篇敷衍了事。这个时候，有两个步骤很重要，一是要给学生一些写作提示或框架，让他们知道从哪个方向入手；二是要尽量杜绝学生抄袭。

给学生提供写作提示是比较费时费力的。教师要将布置给学生的电影看懂、看透，然后根据人物、情节、主题、背景、对话等方面，设计出从易到难的影评写作框架，使学生在写影评的过程中感到有话可说，同时又能充分运用"总结、理解、应用、分析、判断、创造"几大思维认知，发展其批判性思维能力。为了设计出好的写作框架和提示，教师可能会反复看一部电影，阅读大量影评。以下是学生看过电影 *Legally Blonde*（《律政俏佳人》）后，笔者给他们提供的写作框架和提示。

Write a movie review on *Legally Blonde*. The following are some possible writing angles for you to follow.

1. Write a summary of the plot of the movie.

2. Describe one of the following cultural elements you've noticed in the movie:

1) University in-class study, after-class study and activities, dormitory, commencement, etc.

2) Conceptions towards love, friendship, sex, law school, etc.

3) Stereotypes towards blonde, gay, etc.

4) Different life styles of American people

5) Court in U. S.

3. Pick out one scene impressing you most and tell why.

4. Any part or idea you feel incomprehensible or illogical? Why?

5. Pick out one of the following topics to write an essay. Please remember to use examples to illustrate your theme.

1) University life in U. S.

2) Teacher-student relationship

3) Teacher qualification

4) What do you think are the reasons for Elle's admission into Harvard Law School?

5) Life style of people in U. S.

6) What's the main theme of the film?

Note: you can relate your writing to your life or compare with situations in China.

在这项影评作业的设计中，包括内容的总结(write a summary)，细节的理解和分析(describe one cultural element)，观影体验的评价(most impressed or illogical and why)，影片主题的理解和分析(pick one big topic to write an essay)，与现实生活的联系(relate to your life or compare with situation in China)。整项作业的设计从易到难，学生可以根据自己的实际英语水平选择相关任务来完成，这种自由选择不会让英语水平不高的学生产生畏难情绪而放弃，而水平较高的学生也可以选择有挑战性的任务完成。总之，这种写作框架的指引是为了能让学生在观影的基础上，激发他们的思维，使他们有兴趣思考，有动力写作，在思考和写作中发展他们的批判性思维能力。

其实，当学生的兴趣被激发起来后，他们会很乐意通过写影评来抒发自己的思想，当他们发现自己能够自由地、较好地用英文表达自己的观点后，就不会想着去抄袭了。当然，在这个过程中，教师的鼓励很重要，让学生有信心，同时相信自己有能力自主思考和写作，会极大提高学生作品的原创性。另外，笔者是通过批改网(pigai. org)将学生的影评收上来，因为批改网有查重功能，所以在一定程度上也降低了学生抄袭的可能。

批判性思维能力包括总结、分析、评价、联系实际等多方面的能力。在影评的写作中，学生通过写作提示的指引，不同程度地展现了其批判性思维能力。以上文提到的《律政俏佳人》影评为例，学生从多方面对该电影的情节、人物、中外文化差异进行了总结、评价和思考。

具有代表性的总结实例如下。

Example 1: The main theme of the movie is about a girl named Elle Woods how to become knowledgeable and independent during the school life in Harvard through fighting against discrimination and insults. To attempt to get her boyfriend Warner's love back, she gets through lots of difficulties and finally is admitted to Harvard Law School successfully. But then she finds he has engaged with another girl. And the life is different in the east. Facing these odds, she is desperate but brave to change the situation by studying diligently and putting forward novel opinions. In the throes of the growth in Harvard, she learns the importance of confidence about herself and graduates as the top student.

Example 2: This movie is more than inspiring and funny, which mainly talking about a fascinating and extraordinary girl tries her best to go to

Harvard University to get her boyfriend back and eventually become an excellent lawyer and finds her true love in the course of her four years study in Harvard. In this movie, heroine Elle meets quantities of challenges and she solves them successfully with her unique view and great talent.

Example 3:Maybe the majority of the audience declare that the victory of Elle is just a coincidence. Her opponents always expose their lies by virtue of their lack of knowledge concerning clothes or hair. Whereas, I hold the view that it is just the appearance. I do believe she gains her success merely because of her diligence and keen logic. Without her diligence, she can't obtain enough knowledge absolutely. Without her keen logic, she can't discover the contradiction, too. All the factors that contribute to her success come from her daily life instead of fortune.

这三个例子都对故事情节做了总结概述,体现了学生的归纳能力。尤其是后两个例子,学生没有仅止于故事情节的阐述,而是进一步指出作者对女主人公成功原因的思考,包括女主人公“独特的眼界和才能”、她的“勤奋和逻辑能力”等。

在该影评中,批判性思维能力还反映在学生的对比分析能力中。

Example 1:From my point of view, lifestyle in the movie is full of freedom and conviviality, which is dissimilar from what it is in China. To name merely a few, girls dress casually in the way which they feel comfortable with, rather than have uniforms on day after day otherwise follows severe style of clothing. Among them, the heroine emerges to be frank and in vogue, at the same time of which she is firm and strong in action the moment she makes up her mind. That is why she finally manages to accomplish her dream and find her true love. When it comes to the effect of culture, college students in America live a life which is seemingly more open both in academic terms and daily routine. Additionally, educators are used to being strict with students, but they have a creative and wise mind as well, which gives clear guidance to their followers.

Example 2:First and foremost, when it comes to this movie, there is no denying that the university life in U. S. absolutely draws my attention. Comparing with that in China, the university life in U. S. is more wonderful and colorful because of more extracurricular activities, among which costume design competition and music festival enjoyed a great reputation. Additionally, in my opinion, there is more freedom about American students, who can go to class at their own convenient time. Last but not least, what struck me most is that they spend plenty of time enjoying club activities, in which case their social practice competence is improved quickly.

Example 3: This movie shows us the differences of university life between America and China. They take the extracurricular activities and recommendations from authoritative individuals seriously while Chinese are more likely to care about your scores in the exams. Also, in the university, they are more likely to holding a party not only for fun otherwise making new friends but also for communicating with other reliable characters. Nevertheless, the teaching pattern seems to be the same, which requires them to review the lessons by themselves and talk about their own opinions about a question given by the teacher freely in class.

以上 3 个例子都显示学生能通过对电影中美国大学学习和生活方式的观察,与中国的大学学习及生活方式进行了对比,并进一步提出了自己的思考,比方说,美国大学生活更加自由,交际场合多,学术课程和日程灵活;中美双方教师各有特点,但也有相似之处,等等。

评估是批判性思维能力的体现。在《律政俏佳人》的影评写作提示中,教师通过提示学生思考电影中不合逻辑或者学生不理解的部分,激发学生对电影内容的思考和评估。从以下的影评节选中,可以看出学生对于美国大学的入学方式、美国人对宠物的态度、美国大学生对课外活动的热衷都提出了自己的想法和评价。这也为教师引导学生理解中西方文化的差异提供了角度和契机。

Example 1: When it comes to the confused scene, I really do not know why she needs a letter of recommendation before committed to Harvard University. I feel incomprehensible because the college entrance examination is the essence of conditions of entering university, which is needless to say. On no account can we ignore the importance of examination. The university admission policy of recommendation letters in the United States lacks equity.

Example 2: Besides, a part in the film makes me feel incomprehensible. That is the attachment of American to the dogs. For example, because of Elle's dog Bruiser, Elle and Vivian become friends. Elle's friend, Paulette, also fought with her husband for the dog. Different culture has the different beauty.

Example 3: After watching the awesome movie *Legally Blonde*, the wide differences between the university lifestyle in China and in America impressed me a lot. Elle and her lovely friends have a more open life in their college. They are allowed or even encouraged to have a manicure, wear sexy clothes as well as hold various amazing parties, etc. Shortly speaking, it seems they can do everything they have an appetite for. So, the most incomprehensible part of this movie to me is why Americans can balance their entertainment with study so well and why they can manage to make the activity atmosphere so hot.

为什么要培养批判性思维能力呢？因为批判性思维能力能使人们在分析总结的过程中，做出判断，指导人们的实践。所以，能够将电影中的感悟与自己的生活经历相联系，是批判性思维的高阶表现。

Example 1: what impresses me most is that everyone are convinced that Elle's success owes to her beauty rather than her intelligence except her final boyfriend. It was so difficult for Elle to prove her abilities. This detail reflects the reality well that the public tend to ignore the effort hiding behind the success. So when we see the decent appearance on the stage next time, we should pay attention to the invisible hard work they do.

Example 2: the distinctive life style of American university impressed me quite a lot undoubtedly. As is illustrated very directly in the movie, to obtain the admission of a university requires not only a persuasive score to demonstrate your learning ability, but also an essay in the form of either paper or video, which serves as a presentation of one's social ability and all-round development.

And now I have to stand back and reflect on our own society. As is universally acknowledged, grade speaks overwhelmingly louder than any other factors, which is regarded as a truth all through one's student years. Sometimes we require the so-called general development, but eventually this development turned out to be a gaudy assignment which allows some guys to distort facts to suit their private ends. And thereafter, no one takes it seriously, meaning it has to be either sentenced to death, or be added with a strict system whose law shall never be bent. And only by this way can our students be more overall.

Example 3: At the very first day at Harvard, a very wise professor quoted Aristotle, "the law is reason free from passion!" Well, no offence to Aristotle, but in my three years at Harvard, I have come to find: Passion is the key ingredient to the study and practice of law, and of life.

This quotation is from Elle's commencement speech. It's interesting to give some thought to this question: what is the boundary between adolescents and the elderly? I'd say passion. The passion to explore everything no matter it is clearly defined or still unknown distinguishes us. An infant is born to be a blank paper and that makes him look so young while a man who declares he's known everything will be called a senior citizen. That's why I always bear it in mind that keeping a heart full of passion is my priority.

Example 4:Considering about me,the university life in U. S. is similar to the life in China in some aspects. In contrast,Chinese universities are more strict with undergraduates, which results in less free time for Chinese undergraduates. But actually I do enjoy the friendly and sometimes severe atmosphere in Huazhong University of Science and Technology.

在以上 4 篇影评节选中,学生们从女主人公成功的因素、美国大学的生活方式、女主人公的台词等多方面联系到自己的生活实际,谈到成功背后的奋斗,年轻人和中老年人的区别以及自己对中国大学的不同生活方式的喜爱,都体现出了典型的独立思考的批判性思维。

尽管在后期的学生采访中,不少同学提到了写影评极具挑战性,但他们也认为写影评的确让他们改变了看电影只是娱乐,或者学一些英文的字词句的想法。在写影评的过程中,重新审视电影情节,反思电影主题或人物,评价电影主题等"烧脑"的思维活动,让他们对电影有了全新的理解和诠释。

2.2 以阅读为基础,引导学生写阅读反思日记以促进批判性思维

批判性思维能力的培养离不开批判性阅读。那么如何在阅读课上引导学生进行批判性阅读呢?方法之一就是引导学生进行文体阅读,通过对阅读材料文体结构的理解,去深度思考作者的写作意图,然后对比作者立场,反思自己的感悟,从而学会如何批判性阅读,而不是不加辨别地全盘接受。比如说《全新版大学英语综合教程》(上海外语教育出版社)第三册第一课 *Mr. Doherty Builds His Dream Life* 是一篇 memoir(生活回忆录),在课堂上,教师可以以这篇文章为例,通过分析 memoir 的篇章结构,引导学生思考。教师的阅读目标可以是引导学生识别回忆录中的经历(experiences)和意义(meaning),分析共性主题(universal themes),在理解、分析、判断作者经历、意义、主题的基础上,反思自己的生活经历,从而通过批判性思维将阅读所得和实际生活联系起来。

Mr. Doherty Builds His Dream Life 这篇文章实际上是讲述作者选择了乡村生活(event),从而发现了自己对乡村生活的喜爱(experiences)。在阐述自己这段乡村生活的经历中,作者或明或暗地指出乡村生活对其及其家庭的意义(meaning)。在课堂阅读后,教师可以根据课堂阅读的分析和引导,给学生布置一篇反思日记,让学生进行再一轮的思考,并将自己的想法归纳总结成文。当然教师也应该对学生的反思日记写作提供框架构建和提示,下文是笔者设计的这一课的反思日记任务框架。

Please write a reflective journal to discuss what you have learned about the unit's reading text.

Your journal should have two parts.

Summarize the information you have learned in this reading text. The following are some possible directions.

a) What's Mr. Doherty's Dream Life?

b) How did he live his dream life?

c) How did he feel about his life?

d) Why did he share this piece of life with the readers?

2. Discuss your personal perspectives on the topic. You can do this in many different ways.

a) Evaluate Mr. Doherty's life;

b) Relate his experience to your personal experience, or the experience of someone you know;

c) How the meaning you uncovered in this reading can help you in your future life;

d) Mention other related areas that interest you.

在这项作业中，同样也是以发展学生的批判性思维为目标，让学生通过总结、分析、应用、评判、与实际相联系等方式，理解阅读内容，发展思维能力，提高写作水平。以学生针对 *Mr. Doherty Builds His Dream Life* 所写的反思日记为例，可以看出学生在写反思的过程中，能够运用多项批判性思维技能，既包括对事件的总结和分析等初阶技能，还能够运用评价和对比等高阶技能，通过理解事件背后的意义，对比自己的生活经历和感悟，阐明自己的反思。例如：

Example 1: What is your dream life? Answers differ from person to person. But for Mr. Doherty, his dream life is to have a free and self-reliant life instead of being rich in material. Although the life here can be really tough, it does win his heart more than city life, not only for the excellent scenery, but for the improvement of the quality of their lives, and the closer connection between family members.

Example 2: In my opinion, the most significant factor that makes individuals' lives meaningful and valuable is to know what your heart needs and try to attain them, and that's just what Mr. Doherty was doing.

Example 3: A man's lifetime is limited, not only should we earn adequate money, but we should also enjoy the great pressure of being free both physically and mentally. It is worthwhile. Life can be experienced only once, you can never predict what will happen in the future. So you should take advantage of every second in your life journey to left more happiness, that's exactly what Mr. Doherty did. I won't deny the sacrifices, because all the sufferings during the whole process influence their lives visibly, both in spirit and living standards. But finally he gets freedom and tranquility as he ever expected, living in a way he are longing for. And that's enough.

Example 4: As for myself, Mr. Doherty's life definitely sounds good and healthy, however, I won't make the same choice as he does. As teenagers, we are now living in what is called "Information Age", in which requires people to be concentrated and adaptable enough. We are still young, so it's the best time for us to accept different challenges and make changes to the world. I know it sounds difficult, but life just can't be as smooth as silk. We will get old someday, and I don't want to just sit around and regret for a dull life when that day comes. So in a word, I would prefer a challenging life to a peaceful life, and when I look back, I will be proud of what I have achieved.

在 Example 1 中，学生能够通过阅读课文分析出作者梦想生活的核心不在于"farm life"，而在于"free, self-reliant"，还能进一步分析得出结论：乡村生活让作者的精神生活品质得到了提高，同时也加深了家庭成员之间的关系。在 Example 2 中，学生探讨了文中作者为什么选择放弃城里优越的物质生活，去体验自给自足、体力劳动繁重的乡村生活，他给出的评价是：人如果想活得有意义和价值，就必须遵从自己内心的追求，并努力实现它。在 Example 3 中，学生辩证地分析了文中作者的乡村生活，指出其艰苦性，并且这种生活要放弃和牺牲许多东西。但乡村生活却能让作者最终获得自由和内心的平静。在 Example 4 中，学生指出尽管原文作者的生活很健康，但自己却不会选择这样的生活，因为作为年轻人，他更愿意过富有挑战性的生活。

所以通过这样的阅读反思作业，学生不再是被动地进行阅读活动，而是不断地去反思原文的内容和主题，作者的意图，以及原文的观点和自己生活经历的共鸣等，激发了学生批判性思维，提高了其思辨能力。当然，也有学生反映反思作业挑战性太大，课后耗费时间太多，所以教师一学期布置的写作量要适中，还要随时根据学生的状态进行调整，并给予及时的反馈和指导。笔头的反思日记避免了占用过多的课堂时间，帮助学生克服了在课堂上发言所带来的胁迫感，同时，充足的课后时间，使得思考进行得更充分，不失为发展学生批判性思维能力的有效教学活动之一。

2.3 “三明治”教学法克服学生的羞怯心理

批判性思维能力包括评价、判断和分析问题的能力，同时也包括评估自己的逻辑推断合理性的能力。要发展这种能力，课堂上教师必须以学生为中心，为他们设计教学活动，创造分享各自观点的机会。但由于受中国传统文化的影响，大部分学生羞于在课堂上面对老师和全班同学表达自己的观点。而三明治教学法由于分工明确，讨论时以小组为单位，组员间存在信息鸿沟，同时要经过多轮小组讨论，大大降低了面向全班仓促发言的胁迫感。三明治教学法本质上是一种以学生为中心，个人学习、小组学习和集体学习不断交互的教学设计。在课堂教学中，教师根据教学主题，“引导学生组成多个小组，围绕一定的教学任务展开研讨，在初次讨论的基础上再进行小组与学生之间的交叉讨论与学习，最后由学生汇报后教师当堂总结”(李发铨，2015：80)。这种小组活动使学生不仅对自己的小话题有深入的理解和思考，同时也会充分地去消化和发掘其他人的观点和见解。更重要的是，这种教学方法大大增加了学生在非受迫环境下的自我表达的机会，促进了学生的自我学习和相互探索，运用批判性思维的机会大大增加。每个学生每个阶段都有特定的任务需要完成，不仅需要阐述自己的观点，还需要认真聆听他人的观点，做好记录，才能较好地完成后续的任务。

三明治教学法的模式一般设计如下：假设一个班级共有16人，教师将其分为4个组，标号为A、B、C、D；每组4人，标号为1、2、3、4。在讨论相关主题时，教师将大主题下的4个不同的小主题设计成4个问题，分别指定给每个小组不同编号的同学。小组成员就各自主题发表个人观点，每个人都要发言，同时记下别人的观点。第一轮小组讨论完成后，将每组同号的同学抽出来，组成新的4人小组，每人再将原小组的4个讨论主题结果在一定归纳总结的基础上，在新的小组中进行汇报，同时还须记下其他小组的观点。完成这两轮讨论后，教师可以请部分同学进行班级口头汇报，也可以以书面作业的形式，让学生课后将这次讨论的内容和观点总结成文。

以笔者的一次课堂讨论为例，话题是“早鸟型或猫头鹰型的生活方式，哪一种是更明智的选择”。如果仅仅是让学生进行一轮讨论，学生们一般都是从自己的生活方式出发，根据自己的生活习惯找论据支持其论点，带有一定的偏见。而采用三明治讨论法，则可以有效地避免学生从自己的经验出发，从多角度更加全面地看待这个问题，进而发展其批判性思维。首先，教师将这个话题分为四个角度：①早鸟型生活方式的优点；②早鸟型生活方式的缺点；③猫头鹰型生活方式的优点；④猫头鹰型生活方式的缺点。然后，任选一个角度分配到每个组进行第一轮的讨论，讨论的时候每个人都要将自己小组的观点记录下来。所以经过第一轮小组讨论，每组对四个角度中的一个角度进行充分的交流和总结。然后，教师从每个角度选取一人，组成新的4人小组。在新的小组中，每位组员将自己第一轮的讨论结果向新的组员汇报，同时记录下新成员的汇报要点。通过第二轮的讨论，学生们对此问题的4个角度都有了充分的认识，拓展了思维，促使他们在下结论之前，能够更加辩证地思考同一个问题的不同方面。在第三轮讨论中，再恢复第一轮的小组分配，每位组员都从其上一轮讨论中记录的本话题的四个角度进行汇报，分享不同生活方式的优缺点，同时进行小组辩论。最后，教师可以组织全班进行辩论。如果教学时间有限，则可以以"Is it wise to be a lark or an owl"为题，让学生课后完成一篇议论文。在第一轮讨论中，学生只能从有限的几个方面泛泛而谈，或者是从自己的经验出发，列举一些不太令人信服的论据。比方说，在第一轮中，大部分同学总结的无非是"早鸟的生活方式很健康""早上/晚上的风景很美""我自己就是晚睡型，我觉得晚上我的头脑很清醒""黑夜的宁静帮助我提高了效率"等。而经过三轮讨论后，学生能够更加客观，并且将自己的生活习惯和两类生活习惯的优缺点分开对待，同时也学会了举例子或者逻辑论证及评价各个角度的观点，体现了学生批判性思维的发展。下例为部分学生的文章节选。

Example 1：(I'm in favor of being a lark.) In my perspective, what matters most is you will have full time eating breakfast, which contributes to a regular living habit. Besides, there is no denying that your sleep quality is in good condition because of the fact that you need to refresh yourself for tomorrow's lessons. What's more, being a lark means you can make full preparations for daily assignment at the beginning of the day.

Example 2：I think it's wise to be an owl. The reasons are as follows. First of all, we can have a further thinking at night. Quiet and safe, we have a better atmosphere of deep thoughts. There's no one interrupting us. We have a completely independent thinking atmosphere. What's more, there are many friendships founding at night. We are more likely to tell the truth to others, which express that we are more likely to make friends with others. Last but not least, we can see the beautiful scene at night which we can't see in the daytime. As we know, the view of city night is extremely beautiful. We can have a look at it during this time.

Example 3：Firstly, we will be more active and energetic in a day if we are larks. A study of University of Toronto found that whether the young or the old are more emotionally positive and healthier if they get up early. Secondly, if we get up early, we can be bathed in the morning sunshine and get a feeling of nature. This can also give us a good mood and make us more active.

Example 4:First of all,based on the fact that our genes have been formed and adapted to lark life during revolution of millions of years,it is wise and healthy to be an early bird, which perfectly coordinates with our body metabolism so as to ensure our body to work efficiently. In addition,the best hours out of 24 mostly lie in the day for the reason that things such as the lively nature and dynamic creatures would brighten and bring endless joy to the day.

Example 5:Just as the saying goes,early to bed,and early to rise,makes a person wholesome,wealthy and wise. It is universally acknowledged that to be a lark turns out to be a much healthier life style in comparison with rest like an owl. Nevertheless,the old concept seems to get out of date,for the results always vary from person to person.

First of all,I'm always at my sharpest when the night falls,which allows me to make the majority of my time to perform tasks efficiently within the same time. Thus,fewer tasks will be left until tomorrow. What's more,in the silence of the night, which can be perfect for inspiration and great ideas, chances are that deep thinking and review of the entire day are easier to be achieved. Last but not least,it goes without saying that parties and various get-togethers are held late in the evening,as a consequence of which,being an owl is more possible to contribute to an out-going personality and a broad circle of friends.

By and large,there are pros and cons lying in both two modes,so the point of view should just be based on personal decisions.

从以上例子可以看出来,学生对于自己的观点都能够进行细致的分析,并用强有力的论据支持自己的论点。对于论点“早鸟型是一个健康的生活方式”,列举的论据极有说服力。比如说,“早起意味着能好好地吃早餐,这有利于形成规律的生活习惯”(Example 1)、“多伦多大学研究表明,无论男女老少,早起的人情绪更健康;早起的第一缕阳光让我们第一时间接触到大自然,给我们好心情”(Example 3);“千百年的基因决定了人类适合早起”(Example 4)。对于论证“晚睡的益处”,学生们的论据更是脑洞大开,逻辑论证也极为合理。比如说,“猫头鹰型的人更容易收获友谊,因为夜深人静更适宜聊天,人们也更容易吐露真言”(Example 2);“夜深人静有助于沉思和灵感的迸发,更易于深层次的反思”(Example 5);“晚上有更多的聚会,猫头鹰型的人经常参加聚会,性格会更外向,而且有机会结交更多的朋友”(Example 5)。还有部分同学对于普遍存在的观点进行了评价和合理的质疑，“早鸟型的生活方式更健康，这种观点已经过时了，因为人和人是有差别的”；“两种生活方式各有利弊，关键在于个人的选择”(Example 5)。这种评价和分析的能力，正是批判性思维的反映。

其实，以“三明治”教学法为导向的课堂活动设计很灵活。以《新视野大学英语(视听说教程)》第三册第一课 *Access to Success* 为例，在学生练习完相关主题的听力后，可以开展“三明治”式的教学讨论。讨论小主题可以直接采用 sharing 听力部分的四个采访主题：① How do you feel about trying new things? ②What stops you from trying new things? ③What have you achieved in your life that makes you feel proud? ④ Who do you admire for their achievements and why? 直接采用原听力中的主题的好处是学生已经有了一定的信息输入，降低了讨论的难度，使得口语较差的学生不会觉得无话可说，口语好的同学也有发挥的余地，同时听力材料中他人的观点也为学生总结、分析、评估提供了素材，为不同程度的学生发展批判性思维创造了契机。在实际教学中，学生首先完成这部分材料的听力任务。然后就开始三个阶段的“三明治”小组活动。第一阶段，学生被分为四人小组，每人会分配到 4 个讨论主题中的一个，教师给予他们 3 分钟进行思考和总结。然后，组员们会分享他们对各自主题的想法，一个组员发言时，其他组员必须做记录。第二阶段，教师将原小组打乱，组成新的小组。在新的小组中，每位组员将原有小组的讨论结果进行汇报，同时记录下新的小组成员的汇报要点。在两轮讨论后的第三阶段，教师可以根据情况灵活处理。简单的话题可以在课堂上请小组代表发言，当堂进行反馈和总结。难的话题，或者课堂时间不够的情况下，比如说在此例中，可以让学生在课后，以“success in my eyes”为主题，对课堂讨论内容再进行反思，写出一篇具有独到见解的小作文。在整个教学过程中，学生以原听力材料为起点，或总结或分析；然后从他人的生活经历推想到自己的生活经历，或评估或借鉴；再辅以探索和反思其他同学的见解，成功地完成从被动接受性思维到反思性思维及批判性思维的过渡。

笔者在课堂上经常使用“三明治”小组讨论法，学生普遍反映很喜欢这个环节，因为讨论任务清晰、分工明确，在小范围中和自己的同学讨论感觉到轻松、不紧张，能较自如地表达自己的意见和观点，不会怕被人嘲笑。同时，他们也反映这种活动不仅仅能帮助他们提高运用英语的能力，更重要的是能够发现其他同学很多不同且新颖的想法，开拓了自己的思维。

“三明治”教学法还可以灵活变通。当面对较难进行的研讨话题时，教师可以把一个话题拆成若干小题目，让不同的小组事先查资料和钻研，而不是在课堂上即兴准备。这样，学生回到课堂上讨论时，就可以省去第一轮小组内讨论的环节。在课堂上，教师再让每组各派一人构成新的小组进行讨论、记录和总结，这样每个人都对大题目的各个方面有所了解。经过新组的分享、讨论后，教师再让各组进行总结，最后全班汇总。这样就避免了较难的话题让学生感觉无话可说的状况，口头表达、观点分享、反思作文又为学生批判性思维能力的发展提供了多方位的平台。

3 讨论

对于高校英语教学，开展批判性思维教学还是有些难度的。首先，高校外语课程的主要教学目标还是培养学生的语言能力，这是英语课程的"专有目标"；培养学生的批判性思维能力是英语课程和其他高校课程的"共有目标"，那么如果过度强调培养批判性思维，外语学习就"无法落地生根，课堂上看似热热闹闹，外语课堂教学成效却不明显"(文秋芳 等，2015：7)。其次，批判性思维能力是思维的高阶能力，使用母语材料具有语言和文化优势，外语能力会影响学生驾驭其思想的能力。再次，我国教育传统强调的是师道尊严，以教师为中心的课堂由来已久。学生们习惯老师是权威，一般来说不太愿意在课堂上阐述自己的观点。和西方课堂相比，以教师为中心的东方课堂可能不太适合设计批判性思维的教学活动，因为强调集体一致性和教师权威性的文化很难以学生为中心(McGuire，2007)，而批判性思维的教学活动本质上必须以学生为中心。

如前文所述，虽然存在一定的难度，并不等于说在大学英语课堂上就无法培养学生的批判性思维能力。以上教学活动设计是笔者在教学中实践较多的，也收到了较好的效果。在发展学生批判性思维能力的活动实践中，一方面学生普遍反映看问题比以前更加深刻，也感受到了英语应用能力的进步，为自己能够比较自如地用英语表达思想感到喜悦。另一方面，教师体会到了学生思维逐步从被动走向活跃的乐趣，批改作业不再枯燥，学生创造性的作品也激发了教师的思维。但同时，这些实践也存在一些问题。比方说，教师选择的电影不是每部都符合学生的品位；学生不能理解写批判性反思日记的目的，从而敷衍了事；三明治式的讨论占用过多的课堂时间，让学生感觉所学内容太少，节奏过慢等。另外，学生的英文写作中还存在不少语言错误。如果过分地纠正语言错误，则有可能打击学生自由表达的兴趣和信心；但语言的习得又是外语教学的重要目标之一。所以，在今后的教学实践中，还需要不断探索改进，尽可能突破瓶颈，设计更多种类的教学活动，更好地实现发展学生批判性思维能力的教育目标，同时又能发展和锻炼学生的语言能力。

4 结语

批判性思维能力的培养是大学教育的一个重要目标，大学英语教师应该在培养学生的语言能力的同时，探索如何在实践中将此目标贯穿在课堂教学中。本章提及的教学活动设计将批判性思维教学和培养学生的语言能力有机结合在一起，课内引导、课外练习的方式也在一定程度上减轻了中国学生的羞怯心理。这些活动调动了学生的积极性，提供了激发学生思维的契机，对于大学英语课堂上批判性思维能力培养的实践有一定借鉴意义。但本章提及的教学活动数据的分析和反馈多为定性分析，要证实其有效性，可以在后期的课堂实践中扩大使用范围，搜集更多的数据进行定量分析。同时，还可以进行不同教学活动的对比分析，找出不同教学方法在培养学生批判性思维能力中的优缺点，从而使得大学英语课堂批判性思维能力培养的课堂活动设计更有效，更适合不同层次学生的需求。

本章参考文献

[1] MCGUIRE J M. Why has the critical thinking movement not come to Korea? [J]. Asia Pacific Education Review,2007,8(2):224-232.

[2] MCPECK J. Critical thinking and education [M]. Oxford: Martin Robertson,1981.

[3] SIEGEL H. Critical thinking as an educational ideal[C]. Educational Forum,1980,45(1):7-23.

[4] 陈晓丹. 教学模式对非英语专业学生批判性思维能力影响的实证研究[J]. 解放军外国语学院学报,2013,36(4):70-74.

[5] 陈亚平. 教师提问与学习者批判性思维能力的培养[J]. 外语与外语教学,2016,287(2):87-96.

[6] 高瑛,许莹. 我国外语专业批判性思维能力培养模式构建[J]. 外语学刊,2015,183(2):127-132.

[7] 韩少杰,王小英. 英语专业精读教学与学生批判性思维能力的培养[J]. 外语教学,2009,30(6):67-70.

[8] 黄源深. 思辨缺席[J]. 外语与外语教学,1998(7):1,19.

[9] 李发铨. “三明治”教学法在毛泽东思想和中国特色社会主义理论体系概论教学中的应用[J]. 高教学刊,2015(22):80-81.

[10] 李莉文. 英语专业写作评测模式设计——以批判性思维能力培养为导向

[J].外语与外语教学,2011,256(1):31-35.

[11] 刘航,金利民.英语辩论与大学生批判性思维发展的实证研究[J].外语与外语教学,2012,266(5):27-31.

[12] 刘伟,郭海云.批判性阅读教学模式实验研究[J].外语界,2006,113(3):14-18,23.

[13] 阮全友.构建英语专业学生思辨能力培养的理论框架[J].外语界,2012,148(1):21-28.

[14] 邵朝杨.思辨与合作:基础英语教学与批判性思维能力培养[J].成都师范学院学报,2015,31(12):37-42.

[15] 宋毅.英语口语教学中交流学理论对提高学生思辨能力的作用[J].外语与外语教学,2012,266(5):34-38.

[16] 孙旻.中国高校英语演讲学习者思辨能力发展个案研究[D].北京:北京外国语大学,2014.

[17] 孙有中.突出思辨能力培养,将英语专业教学改革引向深入[J].中国外语,2011,41(3):49-58.

[18] 文秋芳,王建卿,赵彩然,等.构建我国外语类大学生思辨能力量具的理论框架[J].外语界,2009,130(1):37-41.

[19] 文秋芳,刘艳萍,王海妹,等.我国外语类大学生思辨能力量具的修订与信效度检验研究[J].外语界,2010,139(4):19-26.

[20] 文秋芳.中国外语类大学生思辨能力现状研究[M].北京:外语教学与研究出版社,2012.

[21] 文秋芳,孙旻.评述高校外语教学中思辨力培养存在的问题[J].外语教学理论与实践,2015(3):6-12.

第四章　基于“产出导向法”的大学英语教学设计

产出导向法(Production-Oriented Approach,POA)是由北京外国语大学文秋芳教授(文秋芳,2008,2013,2014,2015,2016,2017a,2017b)提出的一个具有中国特色的外语教学理论。经过文教授及其团队历经十多年的修改和完善,该理论已经形成了一个相当完整的理论体系。POA 理论对当前国内教材中心、课文至上的英语教学模式提出了挑战,旨在克服中国外语教学中存在的学用分离、效率低下的弊端,主张边学边用,学中用、用中学,学用结合,并将输入性学习与产出性运用紧密结合在一起,两者相互联动(文秋芳,2015)。

1　研究背景

笔者教授的大学英语是学校基础公共课程,授课对象是 2017 级大学一年级新生。本校大学英语课程共 2 个学期,每周 4 课时。在教师团队的不断打造和改进中,本校大学英语教学取得了一定成果,比如课堂教学气氛比以前活跃了,学生在课堂上的思辨能力以及课后的自主学习能力提高了。然而在实际大学英语课堂教学过程中仍然存在着一些普遍问题,比如重输入、轻输出,倾向教师主导课堂,学生被动听讲。这种情况下,学生往往对老师单渠道、单方面输入的信息缺乏兴致,导致知识消化不良,缺乏产出的能力。笔者认为只有在大学英语课堂教学中做到输入和产出合理结合、无缝对接,才能真正有效地提高学生对英语输入的兴趣,并提高学生的英语产出能力。POA 理论体系正好为我们提供了把输入和产出两者融合在一起的视野和指导。为此,笔者尝试在 POA 理论指导下,结合教学内容和重点进行实际教学操作。下文将呈现笔者在实际大学英语听说读写课堂教学中通过 POA 理论指导对教学重点、难点进行的过程设计。

2 POA 理论

基于二语习得理论：输出假设(Swain，1985)、互动假设(Long，1983)和社会文化视角(Lantolf，2000)，文秋芳教授于 2008 年提出了“输出驱动假设”(output-driven hypothesis)，针对专业英语课程提出了新的教学思路。2014 年，“输出驱动假设”得到进一步推进，修改为“输出驱动-输入促成假设”(output-driven，input-enabled hypothesis；文秋芳，2014：4)，并逐渐拓展使用到大学英语课堂教学中。2015 年，经过反复的论证，文秋芳教授明确这种适合国内英语教学的理论体系为“产出导向法”。

随着 POA 理论体系的拓展及推广，近年来已有学者和教师通过定量定性研究分析来验证该理论中“驱动-促成-评价”各环节在英语课堂教学中的有效性和可行性。面对当前全国大学英语课程缩减的现状，欧阳娟(2016)探讨了产出导向法在大学英语教学中的可行性。研究认为产出导向法的核心是输出驱动，教师通过有效输入促成学生最终产出，在这个过程中学生的输入性学习与其之后的任务产出之间几乎没有时间间隔，把学用有效结合，转变了学生对以往英语学习的观念，提高了英语学习的兴趣，适合大学英语课程教学的发展需要。张伶俐(2017，2018)经过一学期的教学实验，将实验组和对照组进行比较分析，对产出导向法在大学英语教学中的有效性进行了研究。实验发现，POA 能有效提升学生的听力和写作能力；和对照组相比较，实验组学生学习英语的动机明显加强，英语高水平的学生成绩提高尤其显著，实验对 POA 理论做出了充分的肯定。部分教师已经研究尝试在 POA 理论体系指导下进行实践教学探索，涉及课程包括英语专业基础英语(黄珍，2015)、口译(王艳，2017)、旅游英语(李悦，2014)、商务英语(孙亚，2017)、医学英语(王小金，2018)等 ESP(专门用途英语)课程。POA 理论也被应用到大学英语听说读写各门课程教学的实际教学设计和应用中，如杨莉芳(2015)、张文娟(2016)、邱琳(2017)、王艳(2017，2018)等。他们的设计研究均显示 POA 理论系统指导下的课程模式对学生产生了积极的作用。其中张文娟在收取并分析开放式问卷后发现绝大部分学生认为这种教学模式在语言知识方面、专业知识方面以及跨文化交际能力和技巧方面收获很大。作为具有中国特色的外语教学理论，产出导向法为大学英语教学提出了新思路，起到了重要的指导作用。笔者在 2018 年度大学英语教学实践中尝试着基于产出导向法理论对部分主题、部分内容和重点进行教学设计，给课堂教学增加新思路。

产出导向法理论体系由三部分构成：教学理念、教学假设和教学流程(文秋芳，2015)，“其中‘教学理念’是其他两部分的指导思想；‘教学假设’是‘教学流程'的理论支撑;'教学流程'是'教学理念'和'教学假设'的实现方式"(文秋芳,2015:548)。教学理念倡导"学习中心说"和"学用一体说"。"学习中心说"认为教学可以通过多种形式的课堂活动来实现设定的教学目标并最终促成学生有效的学习。"学用一体说"强调教学中输入性学习和产出性运用两者互为补充、互为促进、有机结合、相得益彰,真正做到"边学边用、学中用、用中学、学用结合"(文秋芳,2015:550)。教学假设指输出驱动假设、输入促成假设和选择性学习假设。教学流程则包括三个阶段:一是驱动环节(motivating),教师设计合适的交际场景话题,以此挑战学生的认知,从而激发学生的学习动力;二是促成环节(enabling),教师给学生提供必要的输入材料,促成产出的实现;三是评价环节(assessing),即"学用"过程的即时评价以及对产出成果的延时评价(文秋芳,2015)。笔者在英语课堂教学中的设计和实践正是基于这三个核心环节。

3 POA 教学设计例一

本次课程针对《全新版大学英语》第四册第七单元课文的重点 Rhetorical device——Parallelism 进行设计,授课学生为 2017 级大一第二学期非英语专业学生。本单元的阅读文章是有关"9·11"事件的评论和纪念文章。文章主题沉重,但行文优美,使用了大量的排比句式描写"9·11"可怕的灾难现场以及人们悼念"9·11"的悲痛现场,以激发读者情感上的强烈共鸣,文字非常有感染力。在整体课程设计中,笔者运用学用一体的教学理念,把输入活动作为促成手段(input-enabled),产出活动作为驱动手段(output-driven),采用了课堂教学现场小组活动产出的教学方法。

3.1 驱动

POA 驱动环节包括 3 个教学步骤(文秋芳,2015):①教师给学生呈现他们在未来的学习和工作中可能会碰到的真实的交际场景,设置的话题具有一定的挑战性;②学生尝试去完成预设的交际任务,在这个过程中,学生通过亲身体验意识到完成任务比较困难,从而认识到自我语言能力的欠缺,并产生愿意学习、想要学习的欲望和动力;③教师向学生说明课程设计的两类教学目标和产出任务的类型和内容。两类教学目标中,"第一类为交际目标,即能完成何种交际任务;第二类为语言目标,即需要掌握哪些单词、短语或语法知识"(文秋芳,2015:554)。

本课设计的教学目标是语言目标,学生需要掌握 Parallelism 这个修辞手法。根据文章特点,笔者结合学生知识水平,试布置写作产出任务:要求学生选择一个感触深刻的主题或场景,进行一个段落的描写性写作,要求写出所选主题的特点，文字具有一定感染力，字数不限。国内学生从小学到大学比较注重应试作文的写作，比如议论文的写作，而对于描写性写作的练习比较少，因此经过初期产出练习，学生发现自己很难或者无法将场景或主题生动地描写出来。通过这样的亲身体会，学生发现这样看似不难的任务其实要做好并非易事，那么笔者为学生们制造的“饥饿状态”就形成了。这时笔者说明教学目标和产出任务，明确提出本课的学习重、难点：Rhetorical device——Parallelism，以及产出任务——让学生学习使用这种修辞手法，掌握对比手法的特征、作用和写作手法，从而提高他们写作英语描写性文章的生动性和感染力。这就为下一环节的输入促成做好了充分的铺垫和准备。

3.2　输入促成

文秋芳(2015)对于“促成”教学环节的步骤和要求有明确说明：在促成过程中，教师应该在学生进行选择性学习和练习产出环节中都给予指导并检查。这个环节中，教师的脚手架作用极其突出显著。教师应该充分了解学生的个体学习情况，并在此基础上给予学生适当的帮助。曹巧珍(2017)提出“促成”阶段中，教师的“脚手架”作用主要表现为“纵向脚手架”(即设计并分解产出任务)和“横向脚手架”(即从内容、语言和话语三个方面给学生提供指导和协助)两个维度，并以《新一代大学英语》第二册第四单元为实际案例，详细阐释了教师应该如何在课堂教学中搭建起纵向和横向脚手架，以及如何针对不同水平的学生调整脚手架。促成阶段明确教学目标和产出任务，教学针对性更强。在这个环节，教师继续充分发挥中介作用，指导学生围绕输出任务，选取合适的输入材料，进行有选择的学习，促成任务的达成。

实际课程教学中，笔者首先给学生提供影视片段，从视听的角度增加语言知识点输入。影视作品具有突出的主题，视觉效果强烈，容易吸引学生并激发他们强烈的学习兴趣和热情。课堂上笔者使用的是丘吉尔首相在第二次世界大战危难时期所做演讲的视频中的一段：

We shall go on to the end.

We shall fight in France.

We shall fight on the seas and oceans.

We shall fight with growing confidence and growing strength in the air.

We shall defend our island, whatever the cost may be.

We shall fight on the beaches.

We shall fight on the landing grounds.

We shall fight in the fields and in the streets.

We shall fight in the hills.

We shall never surrender。

...

视频观看后，学生能直观地领悟到演讲的语言魅力，内心受到深深的震撼。笔者趁热打铁，要求学生当堂学习背诵这一小段演讲，并进行模仿。在欢快的氛围中，学生潜移默化地体会并习得排比修辞的美。之后，笔者在课堂中发起讨论：为什么演讲富有力度、富有感染力？学生在感性认识之后进行一定的理性和知识性的分析。有的学生认为演讲中出现重复，给予演讲力度；有的提到演讲文字简短精练；有的提到演讲文字押韵，韵味十足；有的提到了演讲文字工整对仗，等等。这时，笔者引入对比修辞手法概念，对其特点和写作手法做出说明。以上环节结束后，学生对于 Parallelism 有了较好的理解和领悟。

接下来，笔者让学生进入课文，浏览整篇文章，找出文中所有的排比句，并逐一对这些句子的用词、修辞特点展开精讲，再让学生当堂声情并茂地大声朗读，以理解、品味并欣赏该修辞手法运用的美感，为产出练习提供有针对性的阅读输入。

It was time enough to clear the wreckage, not enough to fade the memory of what happened there.

It was time enough to bury the bodies that could be found, but not enough to truly mourn the thousands who perished.

It was time enough to plan memorials, but not enough to fill the gaping wound in lower Manhattan.

...

Now the calendar commands us to revisit Sept. 11. Now the calendar commands us to remember the dead. Now the calendar commands us to pick at a scab that has just begun to heal.

...

It coated the red roses that children carried into The Pit.

It stung the eyes and clung to the tears of the brokenhearted who came to say farewell.

It swirled like dervishes across the vast emptiness where the World Trade Center once stood.

...

Some of the mourners divined in the dust the ghosts of those they lost, and they opened their mouths and breathed it in. Some of the mourners saw in the dust visions from that deadly day when the very ground was on fire and the powder and smoke caked the living and the dead. Some of the mourners who never got a body to bury gathered handfuls of the brown dust and placed it in plastic bags to save and remember, to always remember.

…

Fewer candles will be lit. Fewer flags will be waved. Fewer speeches will be made. Fewer songs will be sung. Fewer tears will be shed, at least publicly.

…

笔者通过对以上视频和课文实例的讲解分析，搭起了教师作为“脚手架”的支撑作用，学生也通过理解和欣赏了解到排比这种修辞手法的魅力和功能：排比句让整个描写更有力度、更富感染力。排比句式中重复字词句或相似字词句的使用使得观点得到进一步的加强，更易于理解。同时排比句中的韵脚也使得文字更富有韵味。通过理解整篇文章的修辞句式，学生进一步加强了对Parallelism这一修辞手法的理解。这样，学生对于下一步的产出任务就有了丰富的储备，可以顺利进入到第二阶段的产出环节。

产出阶段中，笔者让学生进行现场小组任务。学生自愿组合，多人一组，组员最多不能超过4个，确保小组活动环节每位学生都有机会积极参与并发表想法和建议。学生模仿课文排比句式，用句式 More... will be... 自选主题写一段排比句。在这个过程中，教师关注学生小组所选取的主题内容，在他们有问题的时候提供积极的帮助。输入促成环节实施后学生的产出和最初的尝试产出相比具有很大的不同和改进。由于学生没有针对性的输入和学习，他们初期的尝试产出通常质量不高；但是第二阶段的产出，经过有指导性的输入，教师搭建好“脚手架”，学生的产出质量大大提高。以下附上几个学生的作品。

例一通过描述空气、水和天空体现绿道的净，末句点出主题“快乐”，行文简洁明快。

More fresh air will be breathed.

More clean water will be shared.

More blue sky will be enjoyed.

More joy will be spread.

——东湖绿道

例二通过口号、掌声雷动来展现运动会竞争的激烈，最后宣扬运动精神——重在参与，后两句句尾押韵，具有一定可读性。

More slogans will be chanted.

More applauses will be rippled.

More records will be broken.

Friendship comes before competition.

We are all the champion.

——运动会

例三先抑后扬，先写大屠杀给人民带来的伤痛苦难和仇恨，最后提升主题：公平、正义终将伸张。后面三句采用重复对仗句式，气势磅礴，充满力度。

More wounds will be filled.
More pain will be cured.
More names will be remembered.
More hatred will be released.
We believe that
Justice will prevail.
Peace will prevail.
People will prevail.
——南京大屠杀

3.3 评价环节

评价环节的实施主要是为了让教师充分了解学生的学习是否具有效果，从而去发现问题，并以此为参考，对以后的教学设计进行思考及改进。本次课程设计中，笔者采用的主要是学生互评方式。笔者预先在班级讲明评比标准，比如：结构是否工整、意义是否相关、句尾是否押韵、文字是否具有感染力等。当学生完成产出任务后，笔者请组员代表在班上大声朗读产出作品，由全体同学根据评比标准互评打分，得分高的作品被评为佳作，在课堂上进行分析点评，并在班级群发布。通过这种评价方式，学生一方面通过评比标准对排比句式的特点及功能有了深刻体会，另一方面也大受激励和鼓舞，在课堂上表现积极主动，对学习形成了良好的促进作用。

4 POA 教学设计例二

本次课程设计选取的是《新英语交谈》上册第四单元 Conversation 2 的重点：Describing Locations & Giving Directions。问路指路这个话题对于大学本科生而言并不陌生。这个知识点早在学生高中期间甚至初中期间就接触过并且学习过。那么面对这样一个貌似容易而且老套的知识点，笔者应该如何驱动学生的学习欲望和兴趣呢？

4.1 驱动

本课设计的教学目标是交际目标，学生应该能完成日常生活甚至商务活动或外事活动中问路、指路、日程安排的交际任务。根据驱动环节的 3 个教学步骤(文秋芳,2015),①教师要呈现真实交际场景。笔者借助当时学校正在发生的一个新西兰校长团来校外事访问活动,选取本校实际建筑作为出发地和目的地,要求学生清楚地给校长团陈述行程安排、指明路线。②学生尝试完成交际任务。学生置身于真实的生活场景,有了真实的空间感,在尝试此项交际任务时纷纷表示实际生活中的路况及路线远比书面教学材料复杂,难以用英语精准进行指路,往往陷入窘境,感到尴尬。笔者和学生一起对这种状况做了一些讨论,并分析原因。学生认为,之所以出现这种情况主要在于他们以前对于指路表述这个知识点过于轻视,认为非常容易、非常机械,导致知识点学而不精,表述不地道不精确,简单而言就是学生说不清,会话双方或无法理解或误解,最终导致交际任务失败。学生通过亲身体验模拟外事活动发现了自己的不足和差距,真正意识到完成这项任务并不容易,也就产生了学习的需求、动力和热情。③教师说明教学目标和产出任务。笔者详细给出了本次教学目标和产出任务。产出任务依然以新西兰高校校长团来校访问为背景。学生分组,组员分别担任新西兰校长及学校接待员。接待员安排住宿及各项访问行程,并向校长说明行程。为了完全掌握并能灵活使用问路指路这个语言知识点,整个过程中,接待员不允许直接说出访问行程中涉及的地点,只能使用指路语言进行陈述;校长团则人手一份校园地图,按图索骥,根据接待员的指路说明找寻每一个访问目的地,以此类推,直到完成整个行程。任务期间如果出现指路不清晰,导致校长团找不到正确的访问目的地,都表示任务失败。如果失败,接待员需要重新学习,然后再重新指路,直到校长正确找到所有的访问目的地,最终正确地知悉完整的访问行程,从而达到设定的交际目标。

4.2　输入促成

教师首先在课堂上清晰描述需要产出的任务,学生根据任务要求,审查自己的情况,根据需求进行有选择的学习,并且以不同形式进行产出的练习;在此期间,教师就应当起到“脚手架”作用,对学生进行帮助、指导并检查。这个环节中,教师应该提供充足的输入材料,目的就在于补充学生欠缺的语言知识,帮助学生完成产出任务。提供的输入材料应该具有多种形式,可以是阅读材料,也可以是视听材料等。输入内容一定要和产出任务紧密相关,把与本课程交际目标无关的新单词、短语、语法形式以及话语结构等剔除。这个环节中,笔者首先给学生提供了一篇短小的有关问路指路的口语对话,让学生分角色扮演进行朗读。之后,基于这篇口语对话,学生根据个人的知识情况整理并学习对话中涉及的有关问路指路的句式,例如:

I’m not from around here.

Go up Main Street about three blocks.

When you get to Oak Street, turn left.

...

这个阶段之后，笔者集中给予学生指路句式的补充，例如：

It is on Elm Street, across from the post office.

It is between Eleventh and Twelfth Avenues.

It is down the street on the right.

It is just past the restaurant.

Go up the street, and take the second left.

Up the street on the left,

At the end of the next block,

Around the corner on the right,

In the middle of the block,

It is at the corner of Fifth and Twenty-second.

It is about a five-minute walk from here.

...

学生对这些信息和知识点进行筛选梳理，根据自我需求学习。

接下来，笔者对学生学习的效果进行检查。笔者按照循序渐进，由易至难的规律给学生提供练习地图，要求学生按照要求去询问并指出到达不同目的地的路线。比如，每两位学生组成一队，每次两位都手持同样的地图，唯一的区别在于学生 A 手中的地图标注了所有的建筑名称，而学生 B 手持的地图没有标注建筑名称。要求两位学生共同合作完成一些跑腿任务，比如去银行取现、去办理图书馆卡、去干洗店洗衣服、去购买自行车头盔等。学生 A 需要给学生 B 做出清晰准确的指路陈述，以确保学生 B 能顺利完成任务，然后更换角色。第一次给的地图简单，建筑物少，路线较单一，跑腿任务也少(4 个)。顺利完成后则稍微加大难度，以此类推，由简入繁，地图越来越复杂，任务越来越繁重。整个过程有点类似于通关游戏。在这个过程中，学生能很快检测出自己在这个知识点上所存在的问题和漏洞。这种情况下，学生可以通过各种途径去完成进一步学习：复习巩固前期教师提供的输入；直接寻求教师的帮助；同学间相互学习和帮助，利用网络寻求必要的学习资源……笔者会根据学生的练习情况来收集学生的困难和问题所在，并据此分别给学生提供相应的信息，必要时提供指路描述所对应的图片，给学生以直观认识，避免措辞不清、概念模糊。比如有个别组内学生不知道该如何表述“在两条街的交汇处”，这个时候，笔者就能给出非常清晰的帮助，明确告知可以说成“at the intersection of ... Street and ... Avenue”，比如学生不确定“around the corner on the right”到底在哪个方位，那么这时笔者就可以使用图片，利用图片的直观性给出最明白的解答，等等。学生在循环的学习-检查-指导过程中，积累并巩固加强了交际内容和语言表达，确保最终实现交际口语任务，进行熟练精准的指路。

为了进一步巩固学生对于知识点的掌握，笔者给学生添加了一些与该交际任务匹配的音频及视频材料，旨在让学生能听懂、听明白实际生活中指路话语的表述，做到视、听、说各方面全面解读问路指路这个知识点。到此，笔者已经完成了输入铺垫环节。

最终产出：笔者让学生自由选择、两两成组，分别担任校长和接待员的角色。各人手执纸质校园地图。各组扮演接待员角色的同学首先需要设计好本组的访问行程，最少需要设计访问目的地 10 个。然后组员们进行组内练习。之后角色更换，再次设计访问行程，继续练习。总共练习时间为 10 分钟左右。练习结束后，学生们一个个轮流上台，展开竞争。每次一名学生上台担当接待员，台下所有学生担当校长团成员。上台学生必须使用所学知识点通过详细指路的陈述来对行程进行描述，其他同学根据该学生的指路描述在地图上寻找对应目的地。一旦出现说明不清晰，台下学生无法统一找到同一目的地的情况，台上学生立刻被淘汰出局。指路清晰、陈述精确并让台下所有学生找出全部 10 个目的地、成功完成整个行程的学生在比赛中胜出。以下附上一位学生的详细指路说明。

You are now at the north of East 9 Building. Go along the Yujia Road and you will find our 1st destination between the second and third crossroads. It is about ten minutes' walk. (School of Management)

Keep straight on and turn left at the third crossing. Then enter the East 1 Road. Turn left at the first crossing and you will find our 2nd destination on your left. (School of Economics)

Go back to the first crossing of East 1 Road. Go straight till you come to the next crossing. Turn right to the South 1 Road. You will see our 3rd destination on your right. (Students Centre)

Walk down the South 1 Road and take the first left turn to the West 1 Road. Follow the West 1 Road till you arrive at the next crossing. Facing to the west, you will see our 4th destination on the left and our 5th destination on the right. (Main Library, Technology Building)

Walk along the South 3 Road, continue straight till you arrive at a lake. There is our 6th destination, where we commemorate the outstanding youth of our university. (Youth Park)

Go across the whole Youth Park, you will arrive at our 7th destination. (West Stadium)

Start from the west gate of the Stadium, go along Zijin Road, past three crossroads, you can find Laotze Icon on your right. It is located in the square of our 8th destination, which is the largest building in the western campus. (West 12 Building)

Go ahead along Zisong road to the nearest intersection and turn left. You will find a path leading to our 9th destination, with the Statue of Chairman Mao in the middle of the square. (Main Gate)

Walk along Central Road north, passing the traffic light, you will be back to the Main Library. Opposite to the Main Library is our last destination, where you can visit our school history. (History Museum of HUST)

Enjoy your trip!

4.3 评价

本次课程笔者采取的是学生互评的方式。互评能够起到良好的活跃课堂气氛的作用。同时互评可以调动学生积极性，提高学生的参与度。这次学生在产出口语成果时，其他同学共同参与，作为聆听者并做出评价。产出者是否能够成功完成产出任务直接取决于参与者是否能找到正确的地点和行程。由此学生对于此次的产出成果是否合格、交际目标是否达成能做出直接判断和评价。

5 结语

大学英语教学长期以来存在着学用分离的现象，有的过分强调教课文，有的则过分强调自主完成任务，这两种教学模式都违背了语言学习的规律(张文娟，2015)。笔者将产出导向法应用于教学设计和实践，在学用一体教学理念的指导下进行课堂设计和尝试。例一、例二中笔者分别设计了具有挑战性的阅读写作任务以及口语交际任务，首先激发学生学习的热情；然后学生对输入材料进行选择性学习，融会贯通，把视读写相结合、读听说相结合，最终完成产出任务。课程设计大大地激发了学生的主动性和参与性，给课堂带来了积极的改善：教学目标更加明确、课堂活动更加丰富、课堂气氛更加活跃。

不过，在这两次教学设计中，笔者在 POA 三个环节中的一个重要环节——评价环节——做得不太够，需要加大力度进行更多改进。文秋芳(2015)指出，产出的“评价”分为即时和延时两种。即时评价指学生在“促成”环节中进行选择性学习和产出任务练习时，教师对他们的学习效果的评价；延时评价指通过课堂学习后，根据教师的要求，学生在课外进行练习并提交，教师对这些课外练习成果所进行的评价。评价也指“师生合作共评”，形式包括教师评价、学生自评、学生互评。经过自评、互评及教师评价后，学生能够清晰了解自己的学习成果，促使其进一步提高自己的产出质量。另外，评价环节可以帮助教师了解教学效果。因此，评价环节兼有“促学”的作用。

遗憾的是，以上两次教学课堂设计中，在即时评价环节笔者更多地倚重于学生互评，教师评价环节做得不充分。尤其是在第一次课程设计中，笔者只针对组内提交的成果做出点评，却没有关注到每位学生个体的产出成果及其存在的问题。由于评价范围较小，大部分学生作品中的具体问题无法得到及时反馈，学生就不能及时获得教师指导性、专业性的评价和建议，这就限制了学生语言能力的整体提升。笔者应该在关注小组产出的同时关注到个体差异，对不同个体进行有针对性的检查和帮助。

另外，以上课程设计中还缺失了学生自评的环节。由于缺少学生对于自己的产出成果的自我评定，笔者就没有途径获取第一手资料来确定以上两次课程是否真正帮助学生提高了自己的描写性写作能力以及学生的口语交际能力。笔者可以在课后跟进，进行信息收集，比如可以让学生在课后写反馈意见，对课程是否帮助自己提高语言或交际能力做一个评述，并对课程改进提出建议等。

最后，笔者没有把延时评价这个环节考虑进去，没有对学生的课后学习进行跟进。针对以上两次课程设计，对于 Parallelism 修辞手法的学习，笔者可以给学生布置课外作文，让学生扩充课堂产出成果，写一篇字数 200 字左右的同主题的描述性散文。这样，笔者就可以通过批阅学生后期提交的作文对每位学生的学习效果做出评价。而对于问路指路描述行程的学习，笔者可以让学生课后投入实际生活中，在校园内给人指路，用英语进行描述，并录制视频作为作业提交。通过对视频的审阅，笔者也可以进一步了解学生的学习效果，并积极反馈。

因此，在今后的教学实践中，笔者将继续运用 POA 理论，指导大学英语课堂实际教学，同时在此基础上做好评价环节，兼顾即时评价和延时评价，把学生自评、学生互评和教师评价落实到课堂的每个实施环节以及课后跟进上。这样，在补救性教学环节中，笔者就可以根据这些评价及反馈把同学们展示中所遗漏的重点内容进一步呈现出来，促使预定的教学目标更好地达成。

本章参考文献

[1] LANTOL J P. Social cultural theory and second language learning[M]. Oxford: Oxford University Press, 2000.

[2] LONG M. Native speaker/non-native speaker conversation and the

negotiation of comprehensible input[J]. Applied Linguistics, 1983(2): 126-141.

[3] SWAIN M. Communicative competence: Some roles of comprehensible input and comprehensive output in its development[M]. // GASS S, MADDEN C. Input in second language acquisition. Rowley. MA: Newbury House, 1985: 235-253.

[4] 曹巧珍."产出导向法"之教师中介作用探析——以《新一代大学英语》第二册第四单元为例[J]. 中国外语教育,2017,10(1):15-22.

[5] 黄珍. 基于应用型人才培养的产出导向阅读教学探析[J]. 兰州教育学报,2015,31(11):105-109.

[6] 李悦."输出驱动,输入促成假设"在旅游英语教学中的应用——以滁州学院为例[J],赤峰学院学报,2014,30(10):219-221.

[7] 欧阳娟. 产出导向法在大学英语教学中的可行性分析[J]. 教育教学论坛,2016(30):170-171.

[8] 邱琳."产出导向法"语言促成环节过程化设计研究[J]. 现代外语,2017,40(3):386-396.

[9] 孙亚. 基于认知介入和产出导向的商务英语词汇教学[J]. 外语学刊,2017(6):83-89.

[10] 王小金. 产出导向法在医学英语教学中应用的可行性研究[J]. 课程教育研究,2018(43):117.

[11] 王艳. 基于"产出导向法"的大学英语口译教学模式构建研究[J]. 教育与教学研究,2017,31(12):94-101.

[12] 王艳."产出导向法"教学理念在大学英语课堂教学中的指导性作用探究[J]. 黑龙江教育(理论与实践),2018(7-8):91-92.

[13] 文秋芳. 输出驱动假设与英语专业技能课程改革[J]. 外语界,2008(2):2-9.

[14] 文秋芳. 输出驱动假设在大学英语教学中的应用:思考与建设[J]. 外语界,2013(6):14-22.

[15] 文秋芳."输出驱动-输入促成假设":构建大学外语课堂教学理论的尝试[J]. 中国外语教育,2014,7(2):3-12.

[16] 文秋芳. 构建"产出导向法"理论体系[J]. 外语教学与研究,2015,47(4):547-558.

[17] 文秋芳."师生合作评价":"产出导向法"创设的新评价形式[J]. 外语界,2016(5):37-43.

[18] 文秋芳."产出导向法"的中国特色[J]. 现代外语,2017a,40(3):348-358.

[19] 文秋芳.“产出导向法”教学材料使用与评价理论框架[J].中国外语教育,2017b,10(2):17-23.

[20] 杨莉芳.产出导向法“驱动”环节的微课设计——以《新一代大学英语综合教程2》“艺术与自然”单元为例[J].中国外语教育,2015,8(4):3-9.

[21] 张伶俐.“产出导向法”的教学有效性研究[J].现代外语,2017,40(3):369-376.

[22] 张伶俐.“产出导向法”视域下的大学英语教学现状分析[J].吉林省教育学院学报,2018,34(3):43-45.

[23] 张文娟.学以致用,用以促学——产出导向法“促成”环节的课堂教学尝试[J].中国外语教育,2015,8(4):10-17.

[24] 张文娟.基于“产出导向法”的大学英语课堂教学实践[J],外语与外语教学,2016(2):106-114.

第五章　基于“产出导向法”的大学英语课堂演讲教学的实践研究

进入21世纪后，科技发展日新月异。在全球化经济和全球化教育的大背景下，高校大学英语的教学改革面临着各种挑战。作为我国高等教育中影响最大、受众最广的课程之一，大学英语课程一直都是国内外语教师和外语教育研究者们的关注焦点。为提高大学外语的教学效果，外语教学教育的改革一直在持续进行中。

过去十几年实施的“以学生为中心”的教学理念打破了传统的“教师中心说”的教学模式，但是过分夸大学生作用，忽视教师地位的弊端也日渐凸显出来。目前的大学外语教学重输入、轻输出的现状也使得高校人才培养暴露出“学用分离”的问题。

针对当前的大学英语教学现状，兼具本土特色和国际视野双重特点的中国外语教学理论应运而生——“产出导向法”(Production-Oriented Approach, POA)。从最初的“输出驱动假设”(Output-Driven Hypothesis)，演变到输出驱动-输入促成假设(Output Driven, Input Enabled Hypothesis)，再到POA体系的形成，具有中国特色的教学理论历经近十年的发展，尽管还需要完善，但是已经被广泛应用于大学英语的教学实践中，并取得了丰硕的成果。

1　文献综述

1.1　“产出导向法”

“产出导向法”是北京外国语大学文秋芳教授及其研究团队针对中国本土的高校外语教学中“学用分离，效率低下”的现象，旨在改进中国大学外语教学效果的本土化教学理论。经过前后近十年的发展，该教学理论体系已经趋于完善。“该理论体系借鉴了Krashen的输入假设、Swain的输出假设和Long的互动假设等二语习得领域的研究成果”(吴玲琴，2018：128)。该教学理论的推出对中国高校外语教育的发展具有重要意义。

"产出导向法"由文秋芳教授最初提出的"输出驱动假设"(Output-Driven Hypothesis)发展而来。在 2014 年 10 月召开的"第七届中国英语教学国际研讨会"上文秋芳教授将"输出驱动假说"改为"产出导向法(Production-Oriented Approach)。"产出"对应的英语是 production,既强调产出过程,又强调产出结果(文秋芳,2015)。

"产出导向法"的教学流程包括三个阶段:第一阶段是"驱动"(motivating),教师设计合适的交际场景和具有"存在可能性"的交际任务,同时文秋芳(2015)指出要激发学生完成任务,提高学生的积极性;第二阶段是"促成"(enabling),先由教师来概述产出任务,然后由学生来有选择性地学习并练习产出,同时老师当场指导和督促;第三阶段是"评价"(assessing),评价分为即时评价与延时评价两种。即时评价是在学生进行选择性学习和产出任务练习的过程中,教师对学生的学习效果给出评价。延时评价则强调师生共同参与评价,学生陆续提交的产出成果作为形成性评价的依据(文秋芳,2015)。这三个阶段都是笔者教学设计和实践的理论基础和指导。

1.2 "产出导向法"在中国高校大学英语教学方面的研究现状

从"产出导向法"于 2014 年正式提出后,已经有越来越多的教学实践为该理论体系的教学有效性提供了较充分的课堂实践证明。许多大学英语教学的研究者和教师们积极探索以 POA 理论体系为指导,在大学英语的课堂教学中组织学生参与各种类型的语言交际活动,提高语言习得的有效性。探讨这一教学理论的论文越来越多,而教学实践和应用的文章也层出不穷。

基于中国知网 2015—2018 年关于"产出导向法"相关文献的整理和分析,当前国内学者对 POA 的实证研究主要分为以下三个方面。"一是 POA 教学有效性研究;二是对 POA 教学适用的学科领域和学习者范围探究;三是 POA 在教学中具体应用的研究"(吴玲琴,2018:128)。

在"产出导向法"理论体系的指导下,国内许多学者和教师对其教学有效性进行了深入的探讨。卢纯青(2018)从教学理念、教学假设、教学流程等几个方面对产出导向法在大学外语课堂的可行性应用进行了分析;同时通过与传统精读教学法的实验研究证实了 POA 所构建的"本土化"课堂教学模式可以转变教师的教学方式和学生的外语学习方式,激发学生的学习兴趣。吕丽珊(2018)借助 U 校园的在线教学管理平台,以产出教学法为理论支撑来设计课堂任务,以语言实验室+多媒体教室的混合教学模式使教学材料得到充分利用,同时也拓宽了学生主动学习和相互学习的渠道。李佐(2017)探讨了 POA 指导下的大学英语教学中翻转课堂教学模式的可能性,将产出导向法与翻转课堂教学模式相结合，在驱动、促成和评价三个环节进行教学设计，为如何提高高职学生的英语产出能力进行了有效探索。张伶俐(2017)通过对大一新生进行一学期的大学英语教学实验来检测“产出导向法”的教学有效性。其课堂实验发现，实验组的英语总体水平无显著差异，但听力和写作水平显著提高；实验组高水平学生的提高尤为显著。黄珍(2015)以产出导向法理论体系为基础，探讨其在英语专业阅读教学中的可行性，挖掘实施产出的有效途径与评估方式，实现有效的阅读课堂教学。

关于POA教学所适用的学科领域、学习者范围和教师作用的研究文献也层出不穷。很多教师探讨了POA在不同学科领域(例如对外汉语教学、医学教学等)的适用性：朱勇、白雪(2019)探究了“产出导向法”在对外汉语教学中的应用，对产出目标的达成性进行了考察；福州外语外贸学院的吴蜜琴(2018)试图运用产出导向法来探索在大学英语课堂中构建中国文化教学模式的可能性；臧娜等(2018)探讨了POA视角下大学英语教师课堂角色的转变，并重新思考了教师角色的新定位。王艳(2018)探讨了“产出导向法”理论视域下大学英语口译教师的中介作用。她认为口译教师中介作用的发挥直接影响到POA教学设计的实施和教学效果。王静(2018)基于产出导向法，对大学英语读写课程的教学模式进行了探索，为大学英语读写课程设计了“教师主导作用”贯穿始终、多次循环、相互联系的“输出驱动-输入促成-产出评价”教学模式，将学生自主学习与POA相结合，借助“读”促进“写”，读写结合，达到读、写能力共同提高的目的。

有关POA在教学实践中应用的研究涉及大学英语教学听说读写译等各个方面。其中关于翻转课堂的实践研究特别多：王琦(2016)在《高级英语》的翻转课堂上应用产出导向法，依照三大环节进行教学设计，开展实践研究；江昭萍、李友利(2018)依据产出导向体系，通过设计以产出驱动、输入促成和产出评价三大环节为主体的翻转课堂教学流程，探讨其在大学英语翻转课堂中的应用。在阅读、写作和翻译的教学实践上，薛露然、鲍海春(2017)以产出导向法为基础，探讨其在英语专业写作教学中的应用，着重体现产出导向法的“学习中心说”和“学用一体说”，以明确的产出驱动为任务，解决写作教学中的一些问题，使写作教学中的“学”和“用”得到更好的结合。张文娟(2017)尝试用产出导向法，对精读教材中的一个单元进行了为期两周的课堂实验教学。用统计软件SPSS 17.0和语料分析软件powerGREP 4探究实验组和对比组学生在作文质量和目标语言项目测试成绩上是否存在显著差异。其实验结果表明，针对一个精读单元的POA教学对学生写作的总体质量影响不大；但与传统精读教学法相比，采用POA教学班的学生对目标语言项目的掌握更好。吴越(2019)以基础英语《综合教程2》第十二单元为例，采用“产出导向法”进行了课程设计，尝试以教师为中介，以POA教学流程的三个阶段为指导，丰富了POA在课程教学设计中的应用与实践。

除了读写方面，很多学者和教师对产出导向法在大学英语听说课上的实践研究也很多。虽然听说课教学有大量基于POA教学法的课堂实践研究，但是根据中国知网上的学术论文统计数据，截至2019年1月，很少有关于POA理论与英语演讲教学相结合的实践研究。俞璐(2018)基于POA理论中的两个重要教学理念——“学习中心说”和“学用一体说”，紧紧围绕实现教学目标和促成有效学习的发生，来展开英语演讲课程相关的教学实践。

对21世纪的大学生而言，演讲是一个必备的技能。随着社会经济文化方面的国际交流日益密切，交际和沟通成为一个重要的因素，而演讲作为强有力的沟通手段一直广受重视。英语演讲不仅能够有效提高学生听说读写的综合能力，还能在一定程度上提高他们的思辨能力和应变能力，对于提高大学生的英语实际运用能力起到有效的促进；同时对学生的跨文化交际能力的培养也起到了促进作用。

2　“产出导向法”在演讲教学中的课堂实践

笔者尝试将POA应用于大学英语演讲教学的实践，取得了比较满意的教学效果，达到了预期的目标。根据外语教学与研究出版社《新视野大学英语》系列《视听说教程3》里面的关于演讲技巧部分的内容，针对解说性演讲(informative speech)的任务来设计教学方案，依据该教材里面前后6个部分的演讲教学内容，在每周的听说课上循序渐进地进行演讲技能的讲授。在制订教学方案后，前后共用了6周时间来完成教学任务。教学对象是2018级4个专业的新生，包括光电、机械、电信和生物科学4个专业，共108人。解说性演讲教学任务完成之后，通过“微助教”APP，以开放式问卷和反思日志形式收集学生对这一教学任务的反馈和评价。

2.1　演讲驱动

2.1.1　教学目标

笔者将“解说性演讲”(informative speech)作为教学任务和目标，希望通过对该类演讲的练习实践来达到设定的语言综合运用能力和跨文化交际两个目标。这也是教育部高等教育司于2007年颁布的《大学英语课程要求》上明确提到的两大目标。语言综合运用能力的目标要求学生能够按照英文写作的规范来架构演讲稿，语言上符合演讲文体的要求。跨文化交际的目标，包括要简明扼要地对演讲主题进行阐述，同时与听众有一定程度上的互动交流。

2.1.2 任务设计

演讲任务的实施步骤分大组内完成演讲任务，然后随机抽签的形式到台上来做演讲。前面 4 周的听说课上花 30 分钟左右来介绍解说性演讲，演讲稿框架的搭建和写作，语言上修辞手法的运用和解说性演讲的主题类型和结构形式；同时为了让学生对解说性演讲有更加直观的了解，笔者选取了几个很典型的 TED 演讲，作为模板来促进学生对这一类型演讲的理解，并帮助他们意识到解说性演讲的普遍性和实用性，对他们今后参与社团活动和准备毕业设计的答辩都起到了提前熟悉并演练的目的。

笔者所选取的 TED 演讲，包括 Jay Walker 的演讲《我们为什么要学英语》(*English Mania*)和 Stacey Kramer 的《我一生中最好的礼物》(*The Best Gift I Ever Survived*)。笔者在课堂上播放这两个演讲视频，现场引导学生，关注演讲的各个环节，从如何引导听众一步步接近演讲话题，到如何通过视觉辅助物来强化演讲效果到最终完成演讲任务。

2.1.3 演讲驱动(演讲话题的导入和选择)

文秋芳教授在其论文中提到，教师应该“明确向学生呈现他们在未来学习和工作中可能碰到的交际场景和讨论的话题”，让学生们“能够真实感受到这些场景存在的‘可能性’及在这些场景中所要讨论的话题对其认知的挑战性”(文秋芳，2015：553)。

笔者让学生在课堂上学习了两个具有代表性的解说性演讲视频之后，帮助学生了解到此类演讲的普遍性，了解到该 TED 的演讲者是如何帮助观众来加深对某一演讲话题的理解和思考。激发他们对自己感兴趣但是又没有深入了解的话题的探索，用头脑风暴的形式来探寻自己演讲话题的可行性。与此同时，笔者在课堂上给学生们介绍了解说性演讲的几大类型及具体的实例。解说性演讲或信息性演讲偏重于一种信息或知识性思想的分享和传递。它分为描述性演讲、解释性演讲和演示性演讲三种类型。描述性演讲主要是用来描述事物或事件，按时间顺序、空间顺序或话题顺序来展开。例如，介绍历史上某次重要的战役一般会按照时间顺序来展开。有些演讲内容会根据空间顺序来编排和展开，例如介绍埃菲尔铁塔，可以根据其组成结构(最高层瞭望台、中层和最下层)三个部分来介绍。还有些演讲会根据话题顺序来展开，如介绍日式园林，会分别介绍日式园林的四大元素(石头、沙子、水和植物)。解释性演讲主要是用来介绍某个概念或原理，例如介绍邓巴定律，会从人类学家罗宾·邓巴的研究引入话题，最后谈到在当今碎片化的生活中实践该理论的现实意义。演示性演讲主要是用来介绍某个过程，比如说介绍如何包饺子，会展现包饺子的整个制作流程。

在介绍完解说性演讲的三大类型并给出一些实例后，笔者会在课堂上给学生们10分钟，让他们挖掘一下自己解说性演讲的话题，思考该话题是否合适，是否是听众非常熟悉的内容，是否有解说的必要性等种种疑问。然后现场找几个同学来介绍自己的演讲话题，同时给出建议和指导，启发他们对话题的进一步思考和探寻，或是修改话题。例如，有同学想介绍如何规划大学学习，笔者让他从学生角度来思索，发现该话题已经谈论得过多了，听众对于该话题已经有了太多的信息而且没有太多的兴趣了，如果没有什么很新颖的想法，这个话题最好换掉。

通过现场的点评，大多数同学发现自己先前想到的话题其实没有什么可探讨的空间或是需要进一步查找资料来锁定新的演讲话题。

2.2 演讲促成

在促成阶段，教师需要发挥其重要作用，指导学生围绕输出任务（解说性演讲）来选择合适的输入材料，进行有选择的学习，以便促进任务的完成。促成阶段分为以下几个步骤。

步骤1：在解说性演讲话题确定后，给学生2周的时间来搭建演讲大纲并完成演讲稿的撰写。考虑到工科学生平时的学业比较繁忙，所以在布置演讲任务的那次听说课上给学生一定时间来思考和选择话题。同时，让学生主动来跟老师沟通演讲话题，并由老师给出建设性的建议。在演讲任务完成的前一周，提醒学生尽快完成演讲稿的撰写或演讲大纲的搭建，并提醒他们准备好下一周听说课上的演讲任务，在开课之前，找时间在课下先演练，尽量以半脱稿或全脱稿的形式来完成演讲。

为了督促学生完成第一轮的演讲演练，笔者会在批改网上布置上传演讲音频的作业，让他们有任务的紧迫感；这样学生至少可以完成第一轮的熟悉准备工作。

步骤2：这一周的听说课中，利用一节课45分钟的时间来进行大组内的演讲。事先将每两个小组合成为一个大组，保证每个大组为8～9人；选定一个同学来计时，一个同学来做组内的演讲记录（包括演讲人姓名，演讲话题及演讲时间），所有组员都完成演讲后，一起来做组内评价。

这个阶段，老师的指导和监督作用也非常重要。需要在教室里巡视，在每个大组里观看某个同学的演讲，同时给出指导性的评价，并督促每个大组按部就班地来完成演讲。同时提醒每位演讲的同学，不要看着稿子念，要与观众有眼神交流，有肢体语言的互动，同时老师要留意他们在演讲中出现的一些问题，比如说突然冒出中文、稿子并没有完全准备好导致在演讲过程中一直都结结巴巴等情况，并要做好笔记；还有一些问题是，有些同学的演讲时间过长，导致其他同学失去兴趣去看手机等情况。

每人进行2～3分钟的解说性演讲，大约半小时后，大部分的同学都完成了演讲任务。这个时候，笔者会让他们开始在大组内讨论并评价每个同学的解说性演讲，组内给出一个总评价（按照ABCD的档次来给分）。然后让每个大组派一个同学来汇报本组内的完成情况，并推荐优秀演讲者。根据每个大组的推荐，老师指定几个同学下周来讲台上再做一遍演讲。如有需要，他们要提前完成PPT的制作和道具等其他视觉辅助物的准备工作。

步骤3：下一次的听说课上，笔者会让上周已经指定好的同学上台来演讲。同时给他们录像，并且教师和同学们要在演讲时做笔记，记录每位演讲者的亮点和不足。所有同学完成之后，教师会先让学生们来点评，或教师会以提问的形式来引导学生找出该演讲的问题和精华部分。在学生点评之后，教师还会再给出总结性的评价。

同时，笔者会鼓励其他没有上台的同学，给他们更多的机会，让他们下一次听说课来台上完成演讲。这样的台上演讲调动了很多同学的兴趣，陆续有同学要求下一次课来台上做解说性演讲。接下来连续2～3周的听说课，老师会利用20分钟的时间来完成演讲任务的抽查。这个过程中，学生们已经对解说性演讲有了更深一层的了解，对演讲话题的选择多了些客观的评价，对自己演讲的问题也有了更加清晰的认识。

下面以一位学生作为具体案例，来展示笔者是如何通过产出导向法对该学生进行指导。

（1）演讲题目的确定。

这位学生最开始想介绍“拖延症”这个话题，并跟笔者进行了探讨。笔者告诉他，解说性演讲的目的是向听众分享或介绍某类信息知识，关于拖延症这个话题，大家所储备的信息量已经很多了，如果他讲不出什么最新的研究成果，而只是分享一些大家都已经了解的现有知识，那么听众对这个话题肯定是没有什么兴趣的，结果会导致大多数观众注意力不集中，甚至是完全不认真听他的演讲。所以，我建议他换掉这个话题。找一个大家不了解的新颖话题，通过他的演讲可以了解新知识。最后他选定了听说课教材里关于消费者心理的听力材料，并挖掘了该消费现象背后的原理，即“锚定效应”(anchor effect)。

（2）组内演讲。

在老师的指导下，这个同学在全班按照大组来分组演讲时，就已经准备好了演讲稿。他是大组内第一个上来做演讲的。因为是第一次进行解说性演讲，所以该同学有点紧张，虽然有意识地与听众进行眼神交流，但是一直在念演讲稿。由于是第一轮演练，没有要求大家做 PPT，所以缺乏视觉辅助物，演讲效果不是特别好；而且该同学对稿子不是特别熟悉，导致流利度欠佳。根据我和组员们给出的反馈意见，该同学课下又进行了反复的练习，并被大组推荐，将于下次听说课上到讲台上来做第二次解说性演讲。

(3) 台上演讲。

在下一次的听说课堂上，该同学事先准备好了 PPT 展示部分，提前拷贝到教室电脑里。由于他根据上次的反馈意见进行了修改，所以这次台上演讲效果很好。开头部分用 PPT 图片来引入话题，吸引观众的注意力，同时注意调节声音的大小和变化，听众们饶有兴趣地听着他的演讲。由于该同学还是有点紧张，所以稿子一直抓在手上，会不由自主地盯着稿子看几眼。介绍“锚定效应”的环节，他用了很多实例来帮助听众理解这个概念。整体的效果达到了预期的目标。

台上演讲完成之后，笔者现场邀请同学们来点评他的演讲。同学们肯定了他演讲的亮点部分，比如准备比较充分，表现比较自信，有眼神交流和 PPT 这样的视觉辅助物来强化演讲效果。由于点评的同学都没有提到问题部分，最后由笔者来指出演讲需要改进的部分。一是 PPT 图片过多，容易分散观众的注意力，因为它毕竟是起到视觉辅助物的作用；二是这个“锚定效应”的解释只是使用了一些生活中的实例，而解释部分不够清楚，听众无法准确地形成一个明确的概念。

从这个同学对演讲题目的思考、确定、准备、多次的演练到最后的台上演讲，可以看出在老师的“产出导向法”的指导下，学生会得到更加有效的反馈，而且产出也是比较令人满意的。

2.3　演讲评价

产出导向法的评价环节能够帮助教师了解学生的学习效果，帮助教师适当调整教学节奏，掌控教学进度；同时通过学生自己的延时评价（包括课上和课后的自评和互评内容）来对照检查自己的执行情况。

对于这个解说性演讲的教学实践，笔者是通过即时评价和延时评价两种方式来完成的。即时评价有大组内全体同学对组内演讲的整体性评价和教师对台上演讲同学的评价。延时评价则是老师通过在微助教上面给出的多个开放式问卷让学生完成自我评价和对一个同学的互评（问卷见附录 B）。

2.3.1　学生反馈

演讲教学任务完成后，教师通过简单的问卷调查和评价表，了解学生对本次演讲教学效果的反馈，并且通过填写自评表和互评表来进行自我评估和反省，发现自己在演讲实践中的问题。从同学们填写的反馈中可以看出，上台演讲对他们的挑战比较大。大多数同学认为台上演讲的任务难度很大但是收获也很大，有些同学觉得自己至少敢站在台上来面对观众，迈出了勇敢的第一步。大部分同学认为台上演讲锻炼了口头交际和演讲技能，也通过填写演讲的自我评价表了解到自己的问题，例如与观众缺少互动，缺少眼神交流；准备不够充分而导致紧张和发挥失常；很多单词的发音不准以至于听众无法很好地把握住演讲的主题和内容等问题。

2.3.2 教师反思

作为产出导向法的实践教师，经过类似的教学任务的设计和实践，对其教学效果和实施难点有了一些感受和反思。

在教学效果上，笔者认为产出导向法可以很好地调动学生的兴趣和积极性，让学生感受到挑战性及在完成挑战之后的满足感和成就感。同时，教师必须发挥“促成”作用，引导学生一步步完成任务，避免空洞的指导。这类语言交际型任务的完成让学生对人际交往也有了更多的认识。

学生在交际任务的完成过程中，多种能力得到了锻炼和提升。如在演讲稿结构的构建，写作中的各种衔接手段，如何在演讲开头吸引听众的注意力，如何在结尾处总结加深听众的印象等微技巧的使用上也慢慢有了心得。

尽管如此，教师的干预和管理及后面的跟踪反馈都有一定的不足之处。针对这个解说性演讲，教师的“促成”部分还不够，学生们在大组内给出的演讲评价过于泛泛而谈，因此在大组的评价表上需要再细化要求。同时，对于微助教上面的自评和互评环节，教师的开放式问题过多，应该给出一些选项，让学生有更多的余地来思考种种可能性，同时学生在完成微助教的互评和自评后，教师应该及时给出反馈意见。

POA 教学流程中的“教师主导”倡导教师不能仅仅停留在了解学生需求的层面上，还要利用自身的专业知识积极引导学生需求（邓海龙，2018）。笔者也感受到了自身的业务水平不足，还需要进一步熟悉 POA 理念、假设和教学流程，并不断提升自身的专业素养。

3 结论

产出导向法采用“学用一体”的教学理念，以“驱动-促成-评价”三步骤来改进传统的课堂组织形式，给大学外语教学带来了新的挑战，也为我国大学英语教学方法“本土化”提供了很多思路。

笔者在大学英语演讲课的教学实践中运用产出导向法，收到了较好的教学效果，学生的正面反馈较多。笔者认为，产出导向法对提高学生的语言综合运用能力具有比较重要的实践意义，也会在今后的教学活动中继续探索产出导向法与其他教学活动的结合。

本章参考文献

［1］ 邓海龙．“产出导向法”与“任务型教学法”比较：理念、假设与流程［J］．外语教学，2018(5)：55-59．

［2］ 黄珍．产出导向法在英语阅读教学中的可行性研究［J］．江苏第二师范学院学报，2015(8)：115-119．

［3］ 江昭萍，李友利．产出导向型大学英语翻转课堂教学实践［J］．开封教育学院学报，2018(11)：46-47．

［4］ 李佐．“产出导向法”在高职大学英语翻转课堂中的实践研究［J］．中国职业技术教育，2017(31)：61-64．

［5］ 卢纯青．论产出导向教学法于大学英语课堂的应用可行性［J］．齐齐哈尔师范高等专科学校学报，2018(6)：117-119．

［6］ 吕丽珊．“产出导向法”运用于U校园环境下的大学英语混合式教学的研究［J］．牡丹江教育学院学报，2018(11)：61-64．

［7］ 王静．基于“产出导向法”的大学英语读写课程教学模式探索——学生自主教学与POA的结合［J］．武警学院学报，2018(11)：81-85．

［8］ 王琦．“产出导向法”在《高级英语》翻转课堂中的实践探索［J］．浙江工商职业技术学院学报，2016(4)：48-52．

［9］ 王艳．“产出导向法”理论视域下大学英语口译教师中介作用探究［J］．牡丹江大学学报，2018(12)：142-145．

［10］ 文秋芳．构建“产出导向法”理论体系［J］．外语教学与研究，2015(4)：547-558．

［11］ 吴玲琴．“产出导向法”研究文献综述［J］．文化创新比较研究，2018(11)：128-130．

［12］ 吴蜜琴．基于产出导向法的中国文化教学模式探究［J］．重庆电子工程职业学院学报，2018(6)：120-123．

［13］ 吴越．基于“产出导向法”的课程教学设计——以基础英语《综合教程2》第十二单元为例［J］．黑龙江工业学院学报，2019(1)：113-116．

［14］ 薛露然，鲍海春．基于产出导向法的英语写作教学模式研究［J］．开封教育学院学报，2017(2)：81-82．

［15］ 臧娜，李菁，卜丽娜，等．浅议POA视角下大学英语教师课堂角色的转变

[J].广东蚕业,2018(12):69,71.

[16] 张伶俐."产出导向法"的教学有效性研究[J].现代外语,2017(3):369-376,438.

[17] 张文娟.基于"产出导向法"的大学英语课堂教学实践[J].外语与外语教学,2016(2):106-114,147.

[18] 俞瑢.基于POA理论的大学英语演讲课程教学实践[J].东北大学学报(社会科学版),2018(1):24-28.

[19] 朱勇,白雪."产出导向法"在对外汉语教学中的应用:产出目标达成性考察[J].世界汉语教学,2019(1):72-76,81.

附录B:解说性演讲的自评和互评表

评价量表来自《演讲的艺术》(第十版)(教师用书)外语教学与研究出版社

Evaluator:________________

Speaker:________________

Speech title:________________

Speech Peer-Assessment

Your task is to review your classmate's informative speech and to reach a full, objective assessment of its major strengths and weaknesses.

You can use the following questions to guide your assessment, but you do not need to answer each question individually. Be sure to illustrate your comments with specific examples from the speech video of your classmate.

Topic and Purpose

• Was the topic appropriate for the audience and the occasion?

• Did the speaker have a clear specific purpose that he/she could accomplish in the allotted time?

Organization

• Did the speaker fulfill all the major functions of a speech introduction and a speech conclusion?

• Were the main points of the body clear and easy to follow?

• Did the speaker use connectives effectively?

Supporting Materials, Audience Adaption, and Language

• Was the speech relevant and interesting to the audience?

• Did the speaker make a conscious effort to use clear, nontechnical language?

Delivery and Visual Aids

• Did the speaker use pauses, rate, pitch, and vocal variety effectively in delivering the speech?

• Did the speaker maintain strong eye contact throughout the speech?

• Was the visual aids carefully prepared and smoothly integrated into the speech?

Overall Assessment

• What were you most impressed by the speech? In which aspect, the speaker is expected to make the biggest progress in the future?

Informative Speech Self Evaluation Form

Speaker: ________________

Topic: ________________

Key: 5 = excellent or all of the time; 4 = very good or most of the time; 3 = satisfactory or some of the time; 2 = improvement needed or occasionally; 1 = poor performance or never.

Introduction					
1. Gained attention and interest	5	4	3	2	1
2. Subject introduced clearly	5	4	3	2	1
Body					
1. Main ideas easily followed	5	4	3	2	1
2. Organization well planned	5	4	3	2	1
3. Used effective transitions	5	4	3	2	1
Language					
1. Language clear	5	4	3	2	1
2. Language vivid	5	4	3	2	1
Delivery					
1. Sufficient eye contact	5	4	3	2	1
2. Voice was enthusiastic, loud, and clear	5	4	3	2	1
3. Avoided distracting mannerisms	5	4	3	2	1
4. Used pauses effectively	5	4	3	2	1
Conclusion					
1. Reinforced central idea	5	4	3	2	1
2. Strong conclusion	5	4	3	2	1

Overall Evaluation

1. Speech completed within time limit	5	4	3	2	1
2. Appeared confident	5	4	3	2	1
3. Topic dealt with creatively	5	4	3	2	1

Comments：

1. What I liked most about my speech was：
2. What should I pay special attention to next time?
3. General comments：

第六章 运用“阅读圈”提升学生在大学英语阅读课中获得感的行动研究

本研究缘起于笔者作为一名新手教师对大学英语课程的课程性质、学生课堂学习效果及教师课堂教学体验的探索及反思。2018年秋，笔者加入华中科技大学外国语学院，并承担2018级四个本科新生班级的“综合英语(一、二)”课程教学工作。根据教学规划，我校“综合英语(一、二)”课程面向全校非英语专业一年级本科生，每周4个学时，共计教学28周112学时，课程设置包括读写译和视听说两大板块，使用教材为高等教育出版社的《新大学英语综合教程》和外语教学与研究出版社的《新视野大学英语视听说教程》。根据此课程设置，我校“综合英语”的定位应为《大学英语教学指南》(以下简称《指南》)中所描述的通用英语课程，目的在于培养学生英语听、说、读、写、译的语言技能，同时教授英语词汇、语法、篇章及语用等知识，增加学生的社会、文化、科学等基本知识，拓宽国际视野，提升综合文化素养。

1 研究问题的提出

1.1 为什么要关注大学英语阅读课?

虽然我校“综合英语”的课程设置旨在培养学生的听、说、读、写、译五项技能，但并未明确指出教师教学应突出培养学生的哪种能力，这一点在《指南》中也未给出明确说明，仅笼统指出大学英语课程应培养学生的英语应用能力。这一指导方向的缺失导致任课教师要么“尽善尽美”，在教学过程中对五项技能给予均等的重视；要么延续“听说为纲”的大学英语教学政策，着重培养学生的听力和口语技能(蔡基刚，2017)；要么“兴趣导向”，根据自身的教学和研究兴趣向某一项或某几项语言技能倾斜。这种教学的无方向感在入职初期给笔者带来了一定的困扰，究竟如何在有限的学时内最大化地凸显大学英语课程对学生的价值成了笔者在入职初期不断探索和反思的问题。

通过阅读文献和不断反思，笔者决定将教学重点向读写技能倾斜，并决定在第一学期着重培养学生的阅读能力，原因主要有三点。第一，阅读在外语学习中占据非常重要的地位。黄源深(2011)认为，大量阅读有助于培养学生的语感，提升词汇量，提高写作水平。从某种程度而言，阅读量的多寡决定了学习者语言水平的高下。此外，在大学阶段，学生开始阅读英语学术期刊、书籍等，以获取相关专业知识，英语的工具性进一步凸显，培养学生的阅读能力至关重要(蔡基刚，2017)。第二，尽管阅读在英语学习中的重要性毋庸置疑，我国本科生英语阅读方面的表现并不理想。如黄源深(2011:5)指出，大学非英语专业毕业生"词汇量太小，看专业书费力；就是勉强看懂了，也抓不住大意；阅读速度太慢，跟不上专业参考书的快速递增；阅读注意力持久性(attention span)有限，对稍长的文章已经望而却步，妄论阅读大部头参考书"。此外，学生在大学阶段"为考试而读"的现象依旧非常普遍，真正能主动发展英语阅读能力并将其迁移到后续的专业学习中的情况并不多见。如孙复初(2010，转引自蔡基刚，2017:8)指出，清华大学学生在"四、六级考试过关之后，英文文献读不了，英文论文写得一塌糊涂"。第三，《指南》虽未明确说明在大学英语阶段需要注重哪些技能，但是对比历次大学英语课程的指导性文件(1980 年、1986 年和 1999 年颁布的《大学英语教学大纲》，以下简称《大纲》；2007 年颁布的《大学英语课程要求》，以下简称《要求》；以及 2015 年的《指南》)，我们可以发现《指南》对阅读能力的培养呈现再一次回归的趋势。表 6-1 总结了历次《大学英语教学大纲》、《要求》和《指南》对教学目标的定位。

表 6-1　历次《大学英语教学大纲》、《要求》和《指南》对教学目标的定位(蔡基刚，2017:7)

大纲/要求	教学目的
1980 年《大纲》	大学英语的教学目的是为学生阅读英语科技书刊打下较扎实的语言基础；使学生具备比较顺利地阅读有关专业的英语书刊的能力
1986 年《大纲》	大学英语的教学目的是培养具有较强的阅读能力，一定的听的能力，初步的写和说的能力，使学生能以英语为工具，获取专业所需要的信息，并为进一步提高英语水平打下较好的基础
1999 年《大纲》	大学英语教学的目的是培养学生具有较强的阅读能力和一定的听、说、写、译能力，使他们能用英语交流信息。大学英语教学应帮助学生打下扎实的语言基础，掌握良好的语言学习方法，提高文化修养、以适应社会发展和经济建设的需要

续表

大纲/要求	教学目的
2007 年《要求》	大学英语的教学目标是培养学生的英语综合应用能力，特别是听说能力，使他们在今后学习、工作和社会交往中能用英语有效地进行交际，同时增强其自主学习能力，提高综合文化素养，以适应我国社会发展和国际交流的需要
2015 年《指南》	大学英语的教学目标是培养学生的英语应用能力，增强跨文化交际意识和交际能力，同时发展自主学习能力，提高综合文化素养，使他们在学习、生活、社会交往和未来工作中能够有效地使用英语，满足国家、社会、学校和个人发展的需要

由表 6-1 可看出，在 1980、1986 和 1999 年三份大纲中，大学英语的教学都强调阅读能力的培养，这一要求在 2007 年的《要求》中被修正为强调听说能力的培养。在《指南》中，强调听说能力的培养被删去，仅说明大学英语的教学目标是培养学生的英语应用能力。由此可见，在大学英语教学和研究界，以“听说为纲”的大学英语教学政策在渐渐纠正，而对读写能力的培养有了再一次的回归（蔡基刚，2017；文秋芳，2011）。基于以上三点，笔者在第一学期重点培养了学生的阅读技能。

1.2 为什么关注学生在大学英语阅读课中的“获得感”？

第一学期期中，为了了解学生在阅读课程中的学习情况，笔者邀请所有学生进行了一次书面反馈，以收集他们对阅读教学的意见和建议。总结起来，学生反映的问题如下：①课堂教学中对词汇的关注程度不够；②课堂上以教师讲授为主，学生被动学习，难以产生好的学习效果；③课堂教学没有就课本内容进行进一步挖掘和思考，学习还停留在表层；④讲授内容有时拘泥于课本，没有进行拓展。在总结出这四大问题之后，笔者又一次进行了反思，认为这些问题可归于“学生到底在大学英语阅读课上学到了什么？”这个根本问题，或者可以用学生在反馈中提及的“获得感”三个字进行更加简练的概括。为了提升学生在大学英语阅读课中“获得感”，笔者决定使用行动研究的方法对自身的阅读课进行观察和反思。

2 什么是行动研究方法？

行动研究于 20 世纪 40 年代由 Kurt Lewin 提出，并于 20 世纪 50 年代由

Stephen Corey 介绍进入教育领域。在《行动研究提升学校实践》(*Action Research to Improve School Practices*)一书中,Corey (1953:141)对行动研究给出了如下定义:

教育领域的行动研究由实践者实施,以提升其教学实践。那些实际参与课堂教学、教师指导、学校管理的人尝试用科学的方法解决他们的实际问题。他们通过不断积累证据,以便更加精准地提出问题。他们使用所有可用的经验来制定行动假设,以期改善或彻底解决他们的日常问题。

20 世纪 60 到 70 年代,英国的“教师作为研究者”(Teacher-as-Researcher)运动再一次使行动研究受到教育研究领域的极大关注,其中两位重要的倡导者是 Lawrence Stenhouse 和 John Elliot。Stenhouse 认为,只有发展教师批判性和创新性的力量,才能真正推动教学和学校改革。他在 1967—1972 年间领导了人文课程项目(Humanities Curriculum Project),并成功将行动研究推广为教师研究的一个主要的研究范式。Elliot 特别重视教师的自我反省和教育行动,强调教师作为反思性实践者(reflective practitioner)的角色。他跟同事一起创设了教育应用研究中心(Center for Applied Research in Education),与一线教师密切合作,以发现并解决教学中遇到的实际问题。

在当今时代,行动研究已经成为教育教学研究领域的主要范式之一。它要求教师批判、思辨地审视自己的教学,时刻具备问题意识,敏锐发现自己教学中的不足并进行不断修正(Burns,2009)。与应用研究相比,行动研究更加关注研究者当地、当时、个人所关心的实际教学问题,致力于探索解决这些问题的方法。此外,行动研究开放性更高,研究者可根据需要随时调整行动方案(文秋芳,2011)。从开展研究的逻辑来看,行动研究更加能弥合教学理论与实践的差距,因为它产生的是经由教师实践过的理论,具有高度的可操作性(McNiff et al.,2006)。

从行动研究的具体操作来看,Kemmis 和 McTaggart(1988)提出了一轮行动研究的四大环节,即计划、行动、观察与反思。在计划阶段,教师发现问题并提出解决方案;在行动阶段,教师将行动计划付诸实践;在观察阶段,教师系统地观察行动计划的效果,并通过开放式的研究工具(观察、访谈、交流等)收集相关数据;在反思阶段,教师就行动计划实施效果进行反思。教师可以根据效果选择是否继续进行下一轮行动研究,以进一步解决问题。Kemmis 和 McTaggart(1988)的循环行动研究模型如图 6-1 所示。

虽然图 6-1 所示模型描述了行动研究的过程,但国内学者(文秋芳 等,2011)认为此过程描述不完整且缺乏动态感,并提出新的行动研究示意图(图 6-2)。

在图 6-2 中,内圈包含行动研究的四个环节,即聚焦问题、提出方案、实施方

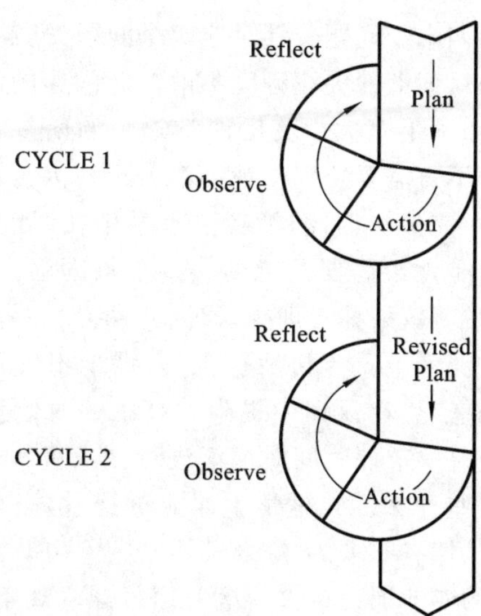

图 6-1　Kemmis 和 McTaggart(1988)的循环行动研究模型

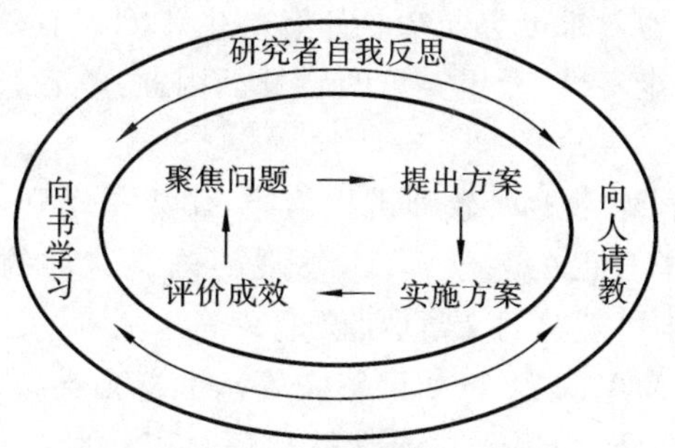

图 6-2　行动研究示意图(文秋芳 等,2011)

案及评价成效,这四个环节形成一个循环链,每一轮行动研究的完结将激发新一轮的行动研究。外圈包含三种活动:第一,向书学习,包括阅读相关文献;第二,向人请教,包括咨询有经验的教师、课程专家等;第三,研究者自我反思。这三类活动渗透于行动研究的全过程。相比 Kemmis 和 McTaggart 的经典循环行动研究模型,笔者认为此示意图更加完整地展现了行动研究的全过程,体现了行动研究的动态感,因此决定依据此示意图来设计本行动研究。

3　第一轮行动研究

3.1　问题聚焦:获得感与最初的反思

如上文 1.2 部分呈现:本研究聚焦的问题为提升学生在大学英语阅读课中

的“获得感”,具体分为四个子问题。针对这四个问题,笔者最初的反思如下。

第一,课堂教学中对词汇的关注程度不够。此问题的出现源于笔者对大学英语课堂教学的认识和学生对大学英语课堂学习的期待之间的落差。笔者认为,大学英语课堂教学不再需要特别重视词汇、语法,因为这些相对简单的任务可以在课下由学生自主完成。因此,笔者要求学生在课前做好预习工作,课堂上讲解课文时,笔者只是点出需要注意的一些重点词汇。然而,部分学生觉得词汇学习仰赖于课后学习效果并不理想,原因有两点。一是学生刚刚经历过高中学习,习惯于教师在课堂上重点讲解词汇等,课上不着重讲解词汇使部分学生产生了失落感。如有学生在反馈中提到:“高中的时候我们的老师非常重视词汇学习,有时候会花一整节课时间对词汇进行深入讲解。到了大学突然不重视词汇了,总感觉少了些什么。”二是学生课业负担重,完全将词汇学习布置到课后完成对学生的自觉性有要求。“综合英语”作为一门公共课程,其课后学习的时间很容易被学生的专业课程挤占。笔者通过课堂观察发现,尽管要求学生做好预习工作,但的确有部分学生没有完成。如若学生没有做好词汇这个基础型的工作,那课堂学习效果可想而知。如有学生说到:“有时候坐在教室里看老师和同学们讨论,完全不懂,云里雾里的感觉。”因此,笔者决定加强课堂上的词汇学习。

第二,学生提出,课堂上以教师讲授为主,学生被动学习,难以产生好的学习效果。笔者反思了自己的教学模式,发现的确有这样的问题。在讲解课文时,遇到比较抽象、难以理解的文章(如议论文等),笔者一般分段落对文章进行讲解;遇到相对比较简单的文章(如记叙文等),笔者则会减少讲解,更多地邀请学生对长难句进行翻译。实际上,课堂教学还是以教师把控为主,部分学生并不能很好地参与到教学活动中。根据笔者的观察,这部分学生分为两类:第一类是能力较强、基础较好的学生,他们认为单纯讲解课文及翻译比较枯燥,导致上课容易分神。第二类是基础相对比较薄弱且没做好课前预习的同学,他们并不能时时跟上教学的节奏,只能机械地记录一些课堂笔记,学习效果欠佳。笔者的观察与反思也印证了王守仁(2016:8)对大学英语教学的评论:“教师的教与学生的学相分离,课堂教学没有体现出以教师为主导、以学生为主体的思想,缺少互动,没有真正做到有效教学。”基于以上考量,笔者决定改变教学策略,在课堂上尽量让学生主动学习。

第三,学生提出,课堂教学没有就课本内容进行进一步挖掘和思考,学习还停留在表层。在邀请学生进行反馈之前,对文章内容的进一步挖掘和思考还是依靠笔者。笔者在备课时,会总结出一些值得思考的问题,在讲解课文的同时让学生当堂进行思考,目的在于邀请学生进行批判性阅读,以培养他们的思辨能力(蔡基刚,2017)。但根据笔者的观察,这样的课堂教学效果并不理想,原因有两点。一是笔者想要学生回答的问题难度较大，跟学生的日常生活相距甚远，学生并不一定真正了解或感兴趣，导致部分学生觉得回答此类问题没有太大意义。二是课堂上笔者抛出一个问题，通常给学生两三分钟的时间进行思考或者小组讨论，然后邀请学生回答。这给学生造成了思维上的负担，因为在短时间内找到相关信息并组织语言进行回答对大一学生来说要求确实比较高。学生在反馈中就提到：“老师上课提的问题很高深呀，我们小组讨论有时候会用中文，得出答案，还没来得及组织语言老师就请我们回答了，感觉压力很大。”尽管笔者尝试对课文内容进行深入挖掘，但一方面，学生没有参与到这个挖掘的过程中，另一方面，课堂讨论时间的不足导致学生并不能进行深入的思考或讨论，这就直接导致学生觉得学习停留在表面，思辨能力也不能得到充分的发展。基于此，笔者决定邀请学生和老师共同挖掘文本，深化学习，培养学生的思辨能力。

第四，学生提到讲授内容有时拘泥于课本，没有进行拓展。经过反思，笔者认为的确存在这样的问题。一是囿于课时的限制，笔者不敢随意拓展，担心挤占课时。二是笔者尝试过进行拓展，但是收效不大。例如，在上 *Living Green* 这一单元时，笔者拓展到世界卫生组织关于环境保护所做的研究，展示了世界各国的统计数据等，但由于学生的知识储备不够，此次拓展并未激起学生的兴趣。经过反思，笔者认为问题的根源依旧是没有将学生需求纳入教学设计中。基于此，笔者决定在后续的教学中做好学生的需求分析，了解学生想要就哪些方面进行拓展。

有了基于“获得感”四个问题的初步反思，下一步需要做的便是寻找一个教学框架，能够将加强词汇学习、促进学生主动学习、深入挖掘课本内容及拓展课本内容融合起来。带着这些初步反思，笔者开始阅读文献，寻找适合的教学框架。

3.2　提出方案：基于“阅读圈”开展阅读教学

随着文献阅读的不断深入，阅读圈（reading circle）进入了笔者的视线。阅读圈又被称为“文学圈”（literature circle），最早由 Harvey Daniels (1994)提出。在 *Literature circles*：*Voice and choice in the student-centered classroom* 一书中，Daniels(1994)对“阅读圈”给出了如下界定（转引自穆宏佳，2017：215）。

阅读圈是由选择相同阅读材料的学生组成的小型的、学生主导的、展示型的阅读讨论小组。每位成员独立通读文本，并根据自己在小组中所承担的特定角色和职责完成针对性阅读，撰写角色日记。随后，各位成员将自己的观点在小组内进行分享。完成本轮讨论后，小组成员轮换，组成新的阅读小组，选择新的阅读材料，进入下一个阅读圈。

根据Daniels(2002)的划分,“阅读圈”中常见的角色有八个,包括词汇大师(word master)、生活联结者(connector)、讨论指导者(discussion leader)、归纳总结者(summarizer)、文学指明灯(literary luminary)、探究者(researcher)、插图绘制者(illustrator)和情节跟踪者(travel tracer)。学生分配到各自的角色之后就开始阅读文本、纪录阅读内容和体会、进行分享和讨论,最后进行阅读成效评价(Brabham et al.,2000)。“阅读圈”的评价以形成性评价为主,采取教师评价、学生自评及互评的模式,评价的内容则主要是学生撰写的阅读内容和体会,及学生的分享和讨论情况(Shelton-Strong,2012)。需要指出的是,“阅读圈”是一个开放的阅读教学和学习模式,以上八个角色不需要同时出现,而是可以根据教师和学生的需要从中选择,自由搭配使用。教学步骤也不是一成不变,可以按照教学需求进行删减和调整(Daniels,2002)。

“阅读圈”教学模式的理论依据是建构主义学习理论。该理论认为学习是学习者主动建构知识的过程。学习者将自己原有的认知结构与外部信息互动,经过主动选择、加工和处理,最终生成自己的理解(穆宏佳,2017)。在这个过程中,“阅读圈”作为中介工具,帮助学生了解文本内容、提出各自问题、解决相关困惑、最终形成讨论(Widodo,2016)。从这个意义上来看,学生在“阅读圈”中不仅仅是参加了一个阅读活动,更多的是通过参加讨论进行意义构建,这种大量的语言输出机会能够为学生成功学习英语提供保证(Ellis et al.,1999;桂诗春,2015;余渭深,2016)。

在过去的三十年里,有不少学者对“阅读圈”在阅读教学中的应用展开了研究,发现“阅读圈”的优势呈现在以下几个方面。

首先,“阅读圈”能够激发学生对英语阅读的兴趣,提升学生的英语阅读能力和速度。Mark(2007)将“阅读圈”教学模式运用到日本大学一年级英语泛读课程,并就其有效性展开研究。研究结果显示,经过一学期的教学,学生普遍对英语泛读课程持积极态度,学生的阅读速度也有了显著提升。Shelton-Strong(2012)在越南同样将“阅读圈”教学模式运用到英语泛读课程中。经过24周的教学,研究者发现语言能力较强的学生阅读速度和阅读能力有显著提升,语言基础较薄弱的学生也因为能够参与到课堂讨论中而对泛读课程产生兴趣。

其次,“阅读圈”能够促进学生语言能力的发展。Graham-Marr (2015)将“阅读圈”运用到日本一所大学的大学英语阅读课中。研究结果表明,学生在“阅读圈”教学模式中不仅学习到了与西方生活方式及文化相关的词汇,还学会了如何灵活运用这些新习得的词汇。Widodo (2016)将“阅读圈”运用到印度尼西亚职业中学的英语精读课程上,并开展了为期13个月的民族志研究。研究结果表明,通过“阅读圈”教学模式,学生的词汇、语法知识有明显提升。

最后,“阅读圈”能够促进学生思维能力的发展。Canals(2011)采用行动研究的方式探索了“阅读圈”是否能够提升学生的思维能力。在完成“阅读圈”的阅读和讨论环节之后，学生被要求基于布鲁姆认知分类(Bloom's Taxonomy)提出高阶思维问题(higher-order thinking questions)，以检测学生是否发展了其高阶思维能力。研究结果表明，“阅读圈”的确能够帮助学生发展高阶思维能力，并成为一个反思性读者。Vaughn 等学者(2015)在美国将“阅读圈”教学模式应用到职前语言教师的课程中。研究结果表明，在讨论环节中，职前教师的讨论不再局限于学习内容本身，而是拓展到对性别、种族、文化和社会阶级等与学习内容相关议题的批判性思考上，拓展了思维。

在阅读相关文献的基础上，笔者决定尝试将“阅读圈”运用到自己的阅读教学中，还出于以下几点考虑：第一，“阅读圈”能够提高学生的语言能力，特别是词汇学习方面，能够满足学生对词汇学习的需求；第二，“阅读圈”倡导以学生讨论为主导的教学模式，能够改变以教师讲授为主，学生被动学习的现状；第三，“阅读圈”中的讨论环节能够帮助学生深入挖掘课本内容，促进学生思辨能力的发展，助力学生进行拓展学习，可以帮助解决之前发现的一些问题。

根据 Furr (2004)对开展“阅读圈”教学模式的建议，笔者将本“阅读圈”设置如下。第一，阅读材料为课堂使用的教材，即《新大学英语综合教程》。第二，笔者将全班学生分为六个“阅读圈”小组，每个组有四个角色，分别为词汇大师(word master)、生活联结者(connector)、讨论指导者(discussion leader)、归纳总结者(summarizer)。之所以没有选定其他角色是因为其余角色要么更加适合文学阅读(如文学指明灯)，要么对学生有特殊要求(如插图绘制者)。第三，角色选定后，笔者要求组内学生自主分配角色，组内成员不足 4 人的可 1 人承担两个角色，超过 4 人的可以 2 人承担一个角色。角色分配好之后，笔者对不同角色所需要履行的责任进行了详细讲解。如词汇大师需要整理出文本中的所有生词，标注出其音标、词性、英文释义、例句等内容；生活联结者则需要在仔细通读文本的基础上寻找相关外部资源，如书籍、电影、音乐、各类研究等，以进行拓展教学；讨论指导者需要在仔细阅读文章的基础上提出值得探讨的问题，并掌控整个组内讨论；归纳总结者则需要完成文章主旨的总结工作。第四，学生小组讨论完成之后会进行全班范围的讨论。各个小组的不同角色将面对全班同学再一次履行自己的职责，如词汇大师提出特别需要注意的词汇，讨论指导者提出值得探讨的问题等。此外，笔者在此过程中充当促进者(facilitator)的角色。笔者不参与到任何的小组讨论中，但会为各个角色提供样板，供学生参考学习；并为学生提供补充信息，如学生没有覆盖到但比较重要的词汇、对文章更加全面的总结、学生没有提及但是值得讨论的问题，以及笔者认为可以拓展的话题等。

3.3 实施方案

笔者于2018—2019学年秋季下半学期开始实施本计划，一直持续到学期末。在此期间，笔者通过调查问卷、课堂观察、学生书面反馈及学生访谈等方式持续对实施成效进行评价。

首先，在实施本计划前，笔者邀请学生参加了一次问卷调查，问题主要是关于对前期阅读课上获得感的总体评价。在学期末，笔者又邀请学生参加了一次问卷调查，问题主要包括“阅读圈”教学模式是否解决前期的问题，对“阅读圈”模式下阅读课上获得感的总体评价，在“阅读圈”教学模式下阅读课堂的感受，以及承担不同角色的感受。然后，课堂观察在课堂教学中持续进行。笔者着重观察学生不同角色的完成情况以及在课堂讨论环节的参与度并记录观察日志。再之后，在学期末，笔者再一次邀请学生进行书面反馈，反思阅读教学的学习体验。最后，笔者邀请了六位学生进行深入的焦点小组访谈(focus group interview)(学生自愿参加)。选择不同数据收集方式旨在进行三角印证(triangulation)，以确保研究结果的信度。

3.4 评价成效

3.4.1 实施“阅读圈”的积极成果

通过半个学期的行动研究，学生在阅读课上的获得感总体有所提升。问卷结果显示，未实施“阅读圈”的前半学期，仅有5.88%的学生认为自己在阅读课上的获得感“很强”，21.57%的学生认为“比较强”，大多数学生(60.78%)认为“一般”，另外有9.81%的学生认为“比较弱”，1.96%的学生认为“很弱”。在实施了“阅读圈”模式的后半学期，11.76%的学生认为自己的获得感“很强”，大多数学生(64.71%)认为“比较强”，17.65%的学生认为“一般”，5.88%的学生认为比较弱，没有学生认为“很弱”，总体来看，学生的获得感有明显提升。图6-3呈现了前后获得感的数据对比。

此外，笔者通过学生的问卷、书面反馈及访谈，得到了更加具体的反馈。笔者重点关注了学生前期提到的阅读课堂上的四个问题。

首先，学生认为“阅读圈”模式下的阅读教学在一定程度上解决了前期对词汇关注不够的问题，词汇学习有了提升。如学生在书面反馈中提及：“解决了词汇上的一些障碍”，“词汇有增加”，“加强了对词汇的学习和对文意的理解”，“在阅读圈的模式下，我们能够对一篇课文有更加深入的理解，比如词汇，翻译，中心思想的理解和思考等”，“在词汇的掌握方面有很大提高”。在后续的学生访谈中，学生A提及：

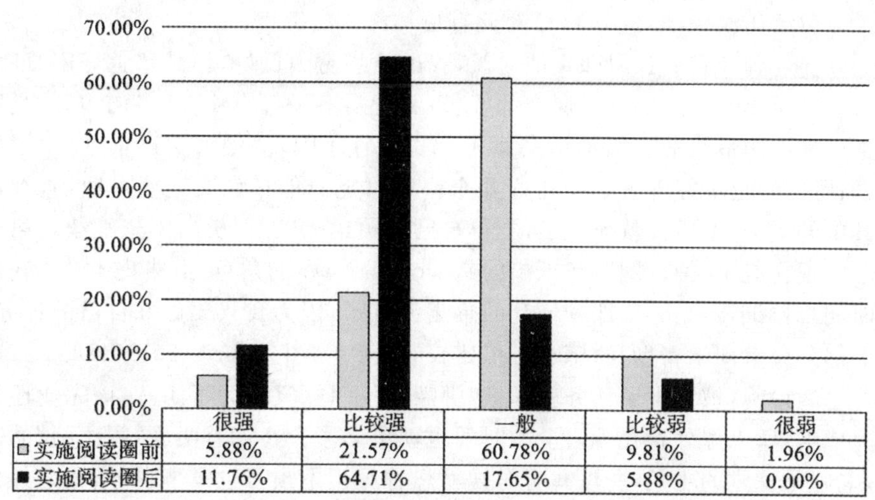

	很强	比较强	一般	比较弱	很弱
□实施阅读圈前	5.88%	21.57%	60.78%	9.81%	1.96%
■实施阅读圈后	11.76%	64.71%	17.65%	5.88%	0.00%

图 6-3　实施“阅读圈”前后学生阅读课上获得感对比

阅读圈模式下的阅读课堂提升了我们的词汇学习。我们班有的同学查单词时非常仔细，会把一个单词方方面面的信息都罗列出来，我觉得比我自己查询的效果好。之前我预习的时候只是会查询单词的汉语意思，不怎么关注单词的音标、词性、英文解释和用法，常常导致我后面见到这个词只知道大概的意思，但是不会读，也不知道如何使用，感觉效果很一般。现在通过这种详细的罗列，我觉得词汇学习更加有效了。(学生 A 访谈-20190123)

学生 A 的访谈除了印证了学生书面反馈中的发现之外，还揭示了合作学习(collaborative learning)的重要性，通过承担不同的角色，学生之间互相取长补短，达到共赢(Rowland & Barrs，2013)。总之，学生的书面反馈和访谈数据证实，“阅读圈”教学模式的确能够促进学生的词汇学习，这与 Graham-Marr (2015)和 Widodo (2016)的研究结果相一致。

其次，“阅读圈”教学模式在一定程度上扭转了之前教师主导课堂教学，学生被动学习的课堂状态。如数名学生在书面反馈中提及：“大家的合作与参与度不够，阅读圈可以弥补这个漏洞”，“阅读圈让学生在课文阅读中参与度更高”，“起码自己有了参与感”，“老师讲换成小组轮流说一篇文章的某方面内容，个人必须发言，参与度会提高吧”，“提高了同学们的参与度，word master 能够专门地讲解词汇，分工明确，上课效率要高一些”，“我感觉我的参与度更高了，可以读懂更多东西，可以自己尝试表达一些”，“同学们参与度较高，特别是对英语基础比较差的同学”。从学生的反馈来看，由于学生在阅读圈小组中被分配了不同的角色，这些角色所需要完成的任务让他们在处理文章的时候有了更加清晰的方向。此外，肩负的任务也给学生增加了一定的压力，迫使他们进行学习。在后续访谈中，学生 B 和 C 对此有更加深入的解读：

以前老师让我们预习课文的时候，我虽然想努力做好，但是感觉好困难啊。《辨思篇》每单元第三部分的课文都好长，我记得有一篇有 1300 多词，真的是我有生以来读的最长的一篇英语文章了。长就算了吧，关键课文还很难，生词巨多，而且内容也不好理解。我花好几个小时可能只能把课文通读一遍，查询清楚其中的生词，然后我就泄气了，觉得自己的英语太菜了（笑），不想继续看第二遍了。现在有了"阅读圈"，我承担的是 word master 的角色，虽然我还是会花很长时间查单词，但是心里那种慌乱的感觉没有了，因为我只要做好自己的任务，别的部分会有同学帮助我，感觉心里比较有底。（学生 B 访谈-20190123）

怎么说呢，被分配了任务就像被"绑架"了一样（笑），为了团队，该完成还是要完成啦，所以课外花在英语上的时间也就更多了。在没有实施"阅读圈"的时候，老师是课堂的主角，所以我有时候就想着反正不预习也没事啦，毕竟老师也不会发现，我就老老实实在底下记笔记就好了，没有什么压力。现在不行啦，如果小组里面就我一个人没完成任务，感觉很尴尬。（学生 C 访谈-20190123）

学生的参与度提升之后，整个课堂的氛围也发生了变化。如学生在反馈中提及："使用了阅读圈之后感觉课堂生动了许多"，"课堂气氛变得活跃了"，"大家的积极性都被调动起来了"，"更容易融入课堂"。在教学过程中，笔者也明显感觉到了变化。由于"阅读圈"活动留有大量时间给学生自主讨论，即便是英语基础相对比较薄弱的学生也不再做"低头族"和"神游者"，而是能够积极参与到讨论中。总之，此部分的发现印证了 Mark（2007）和 Shelton-Strong（2012）的研究发现，揭示了"阅读圈"的确能够激发学生对英语阅读的兴趣，提升参与度。

再次，针对学生提及的前期课堂教学没有就课本内容进行进一步挖掘和思考，学习还停留在表层的问题，研究结果表明也有改善。学生在反馈中提及："在阅读圈的模式下，我们能够对一篇课文有更加深入的理解，比如词汇，翻译，中心思想的理解和思考等"，"启发学生独立思考文章内涵"，"自己不再是一个人理解课文或是单纯接受别人的理解"，"讨论时同学们会对文章提出自己的看法"，"在这种模式下，我们能够接受和了解到不同的同学对于课文认识的差异和看法"，"讨论时主观的东西更多，更有趣"。在使用"阅读圈"模式前，学生主要是跟着老师的思路分析文章的主要内容，感觉比较被动，思路也没有完全打开。对此，学生 D 在访谈中有进一步的说明：

前期教学总是老师领着我们走，有些高中做阅读理解要顺着出题人思路来思考问题的感觉，有时候稍微有点机械。比如说我们上到 *Backyard Agrarian's 30 Days Without Packaged Food* 这一课的时候，老师的讲解及提的问题很多时候都是顺着作者的思路来的。作者觉得不应该购买有包装袋的食品，老师觉得似乎很有道理，但是我觉得这样没有意义，可能我想法比较奇特吧（笑）。我觉得与其彻底不用食品包装袋，不如探索如何实现包装袋的降解和循环使用。但老师似乎没有给我们这样的机会表达自己的看法，所以有时候即便有想法也就憋着没说了。有了阅读圈之后就好很多，我在我们小组是讨论指导者(discussion leader)的角色，我总能想出一些比较奇特的问题供同学讨论，感觉很有趣。(学生D访谈-20190123)

从学生D的访谈中可以发现，“阅读圈”在某种程度上促进了学生思维能力的发展。一方面，课堂讨论能够让学生接受其他同学对文章的不同解读，而这些不同的解读又能促使学生进行思考，最终得出合理的解读。另一方面，课堂讨论环节给学生创新性思维的发展留出了空间。在阅读圈小组讨论中，有的学生(如学生D)会提出标新立异的看法，小组成员非但没有觉得浪费时间，大多数时候反而是进行了认真的探讨与辩论，笔者认为这在一定程度上可以促进学生创新性思维的发展。

最后，研究结果显示，“阅读圈”教学模式下，学生提出的“讲授内容有时拘泥于课本，没有进行拓展”的问题也有一定改善。学生在书面反馈中提及：“阅读圈可以延伸联想，丰富内容”，“自己的联想有新意有共鸣也会有获得感”，“可以了解到课文之外的社会动态”。笔者发现，学生的联想不仅对学生的学习有帮助，也对教师的教学有帮助。例如在学习 Teamwork 这一单元的时候，有学生从“华中科技大学 18 名学生本科转专科”这则新闻谈起，提出“大学同学之间到底是竞争关系还是合作关系”这一疑问。笔者从中获得灵感，将这一疑问改为一则辩论题，之后又改编成一则作文题。因为贴近学生的日常生活，课堂教学取得了很好的效果。

总之，通过第一轮“阅读圈”行动计划的实施，笔者发现学生前期提及的四个问题均有不同程度的改善，取得了较为满意的成果。然而，笔者也发现了一些问题。

3.4.2 实施“阅读圈”的待解决问题

虽然实施“阅读圈”取得初步成效，但是笔者也通过问卷调查、学生反馈、学生访谈和课堂观察发现了两个主要问题。

首先，在“阅读圈”小组中，学生渐渐出现了角色固化的现象。如部分负责词汇大师(word master)的同学不愿意尝试另外三个角色，理由包括以下几种：“自己比较适合做这种比较基础的工作”，“讨论指导者和归纳总结者都对语言能力有很高的要求”，以及“生活联结者需要广泛的阅历，懂很多课外的东西”。笔者也曾一度被这些理由说服，但通过进一步阅读发现，“阅读圈”的创始人 Daniels (2002)是提倡进行小组内角色轮替(rotate)的，这是因为不同的角色所附带的责任蕴含着阅读的不同目的，而“阅读圈”需要通过周期性的角色轮替来帮助读者完整地体验阅读的所有目的。这是下一轮“阅读圈”行动计划需要解决的问题之一。

其次,学生的提问技能有待提升。有学生在书面反馈中提及:“有时候我们组的讨论指导者提出的问题并没有太大意义”,“提问技能需要进一步提升”。这些问题促使笔者开始考虑如何帮助学生提出有价值的、值得探讨的问题。2019 年春季学期,笔者在参加华中科技大学外国语学院大学外语系的一次教师教学经验分享时,聆听了某位有教学经验的教师“通过阅读的四个层次,提出四类问题,以发展学生的思维能力”的分享,深受启发。该教师根据 Mortimer Adler 和 Charles van Doren (1972)在 *How To Read a Book*:*The Classic Guide to Intelligent Reading* 一书中划分的四个阅读层次(即 elementary, inspectional, analytical, comparative),鼓励学生提出相对应的四类问题。这可以为学生提问提供可行的框架,笔者决定在下一轮“阅读圈”行动计划中进行探索。

4 结语

本文是运用“阅读圈”提升学生在大学英语阅读课中“获得感”的第一轮行动研究的研究报告。笔者首先通过学生反馈,总结了从教初期阅读教学中的问题,包括课堂教学中对词汇的关注程度不够;课堂上教师讲授为主,学生被动学习,难以产生好的学习效果;课堂教学没有就课本内容进行进一步挖掘和思考,学习还停留在表层;讲授内容有时拘泥于课本,没有进行拓展。在进行自我反思和仔细阅读相关文献之后,笔者决定使用“阅读圈”教学模式,并采用行动研究的方法来探索课堂教学改进。研究结果表明,在实施“阅读圈”教学模式的半个学期中,学生所提到的四个问题均有所改善,并在不同程度上佐证了前人的研究结论。然而,随着行动计划实施的深入,新的问题随之出现,即学生在“阅读圈”小组内的角色固化,及提问技能有待提升。目前,笔者对这两个问题已有初步的反思及方案,将在第二轮行动计划中实施。

总之,阅读圈作为阅读教学的一种创新模式,已被前人的研究和本研究证实能够激发学生对英语阅读的兴趣,提升学生的英语阅读能力和速度,促进学生语言能力和思维能力的发展。行动研究作为教育教学研究领域的一个主要研究范式,亦能够帮助教师解决当时、当地、个人在教学中的主要问题,改善教学体验,促进教学能力。需要说明的是,在大学英语阅读课中,教师和学生可能面对和需要解决的问题绝不止本文中提到的四类。黄源深(2011:7)曾指出,大学英语阅读课需要“教会学生阅读,具体培养阅读理解能力、通过阅读获取信息的能力、阅读速度、阅读注意力持久性、阅读外语的习惯”。本文期望抛砖引玉,如若其他教师在阅读课上遇到上述问题，不妨尝试“阅读圈”教学模式，并用行动研究方法检验成效，或许会有意想不到的效果。

本章参考文献

[1] ADLER M J, VAN DOREN C. How to read a book: The classic guide to intelligent reading[M]. New York: Simon and Schuster, 1972.

[2] BRABHAM E G, VILLAUME S K. Continuing conversations about literature circles[J]. The Reading Teacher, 2000(54): 278-280.

[3] BURNS A. Doing action research in English language teaching: A guide for practitioners[M]. New York: Routledge, 2009.

[4] CANALS A. Will increased participation, on the part of each student, in literature circles equate to higher achievement in comprehension scores in an eighth grade English class? [J/OL]. (2011). http://search.proquest.com/docview/868707657? accountid=8203.

[5] COREY S M. Action research to improve school practices[M]. Oxford, England: Bureau of Publications, Teachers Co, 1953.

[6] DANIELS H. Literature circles: Voice and choice in the student-centered classroom[M]. Portland, Maine: Stenhouse Publishers, 1994.

[7] DANIELS H. Literature circles: Voice and choice in the student-centered classroom[M]. 2nd edition. Portland, Maine: Stenhouse Publishers, 2002.

[8] ELLIS R, HE X. The roles of modified input and output in the incidental acquisition of word meanings [J]. Studies in Second Language Acquisition, 1999(21): 285-301.

[9] FURR, M. Literature circles for the EFL classroom[C]//Proceedings of the TESOL Arabia conference, 2003. Dubai, United Arab Emirates: TESOL Arabia, 2004.

[10] GRAHAM-MARR A. Enhancing student schematic knowledge of culture through literature circles in a foreign language classroom[J]. Journal of Language and Cultural Education, 2015, 3(1): 85-92.

[11] KEMMIS S, MCTAGGART R. The action research planner[M]. 3rd edition. Geelong: Deakin University Press, 1988.

[12] MARK P L. Building a community of EFL readers: Setting up literature circles in a Japanese university[C]//BRADFORD-WATTS K. JALT conference proceedings, 2006. Tokyo: JALT, 2007: 998-1012.

[13] MCNIFF J, WHITEHEAD J. All you need to know about action research[M]. London:Sage Publications,2006.

[14] ROWLAND L,BARRS K. Working with textbooks:Reconceptualising student and teacher roles in the classroom[J]. Innovation in Language Learning and Teaching,2013,7(1):57-71.

[15] SHELTON-STRONG S J. Literature circles in ELT[J]. ELT Journal, 2012(66):214-223.

[16] VAUGHN M, ALLEN S, KOLOGI S, MCGOWAN S. Revisiting literature circles as open spaces for critical discussions[J]. Journal of Reading Education,2015,40(2):27-32.

[17] WIDODO H P. Engaging students in literature circles: Vocational English reading programs[J]. The Asia-Pacific Education Researcher, 2016,25(2):347-359.

[18] 蔡基刚.高校外语教学理念的挑战与颠覆:以《大学英语教学指南》为例[J].外语教学,2017,1(6):6-10.

[19] 桂诗春.我国英语教育的再思考——理论篇[J].现代外语,2015(4):545-554.

[20] 黄源深.大学英语阅读课应该抓什么?——兼谈《阅读教程》(第五至八册)的编写思路[J].外语界,2011(2):5-10.

[21] 穆宏佳."阅读圈"教学模式和自下而上阅读教学模式的比较研究[J].海外英语,2017(20):215-216.

[22] 王守仁.《大学英语教学指南》要点解读[J].外语界,2016,174(3):2-10.

[23] 文秋芳.中国应用语言学研究者要"顶天立地"[J].外研之声,2011(4):26-27.

[24] 文秋芳,韩少杰.英语教学研究方法与案例分析[M].上海:上海外语教育出版社,2011.

[25] 余渭深.大学英语应用能力培养的再认识:教学大纲变化视角[J].外语界,2016,174(3):19-26.

第七章　合作学习理论在大学英语课程教学中的应用

《大学英语教学指南》(教育部,2017)指出:“大学英语的教学目标是培养学生的英语应用能力,增强跨文化交际意识和交际能力,同时发展自主学习能力,提高综合文化素养,使他们在学习、生活、社会交往和未来工作中能够有效地使用英语”。为了实现这一目标,“大学英语课堂教学可以采用任务式、合作式、项目式、探究式等教学方法,体现以教师为主导、以学生为主体的教学理念”,旨在既增强学生的自主学习能力又培养其合作学习精神,引导和帮助他们掌握学习策略,学会积极探索、主动学习。然而,由于中学英语教学和高考的影响,笔者在大学英语教学中发现非英语专业大学新生更喜欢被动学习、独立学习,使得大学英语课堂尤其是综合英语课堂气氛沉闷,教学活动难以开展,教学效果受到影响。那么如何优化课堂教学环境,培养学生的自主能力、合作精神,以探究式方法完成项目式任务,进而实现教学目标呢?笔者在连续三届(2016、2017、2018 级)学生中就如何将合作学习理论应用于大学综合英语课程教学进行了积极探索,结果发现合作学习对充分发挥学生的主观能动性,实现自主学习和主动学习,提高教学质量具有重要意义。

1　文献综述

1.1　合作学习理论概述

合作学习(cooperative learning 或 collaborative learning)既是教学理论又是教学策略。其本质是利用课堂环境中的和谐人际关系,以师生、生生合作为主要手段,通过小组活动形式完成教学任务。其根本目标在于营造班级内的社会生态环境,提高学生的总体学业成绩(王坦,2002)。合作学习于 20 世纪 70 年代初兴起于美国,并在 20 世纪 70 年代中期至 80 年代中期经 Johnson 兄弟的大力倡导取得实质性进展。其理论依据是“建构主义学习观、社会互赖理论以及认知最近发展区理论”(章木林 等,2015)。合作学习是目标导向性活动,强调小组成员间的积极互赖和合作性互动。在教师的引导下,小组成员以拼图式活动、角色扮演、话题讨论及调查研究(邵钦瑜 等,2014)等方式开展合作学习,完成共同的学习任务。

合作学习符合《大学英语教学指南》(教育部,2017)所倡导的以教师为主导,以学生为主体的教学理念。教师充分发挥主导作用,首先根据组间同质、组内异质的分组原则将不同性别、性格、成绩的学生组合成队。然后教师分配具体任务,小组成员既分工明确,又精诚合作。通过师生合作、生生合作的教学模式为学生创建民主、和谐的课堂生态环境,不断刺激学生的认知、情感和动机,激发学生的主体性,促进其主动参与课堂活动。在增强语言能力的同时培养合作精神、团队意识。最后,师生合作对小组学习成果进行评价总结。因此,合作学习既是一种学习方式也是一种学习环境(顾世民,2011),更是一种教学策略,对大学英语教学有着积极的影响。它既有利于教师培养学生的自主学习意识与能力,又有助于发展其合作能力,激发其学习动机,减少学生焦虑情绪,从而实现教学目标。

1.2 国内外研究现状

自 20 世纪 80 年代初以来,国外大量的文献表明合作学习是促进学生社会交往、提升学习效果的有效教学策略(Slavin et al.,2014)。Johnson 等(1981)通过元分析发现合作学习相较于相互竞争和个体努力更具有效性。它广泛适用于各个学科教学,涵盖语言艺术、阅读、数学、科学等,适用于从小学到中学不同年龄段学生,适用于完成各种任务如理解概念、解决问题、分类及推理。Syahrir(2011)通过实证研究比较了拼图式活动(Jigsaw)和小组游戏的合作学习形式对初中生学习数学的动机和技能的影响。结果表明拼图式活动对初中生的数学学习动机和技能都更加有效。互动活动可多种多样,不同的任务类型要求设计不同的同伴互动活动。King (2002)就世界文化课教学中采取学生对所学内容进行相互提问的合作形式进行了研究。结果发现在教师的引导下,学生之间提出和回答与课文相关的具体问题可以帮助他们深入理解课文,并且促进其在课文之外拓展构建新知识,促进其高级认知发展过程。Fung 等(2016)探索了在教师的引导下,小组合作对发展学生批判性思维的影响。该研究基于 Kuhn 的批判性思维模型,对香港 140 名十年级学生在批判性思维能力的两个表现维度和辩论参与度方面进行前测和后测,证明了小组合作能有效发展学生的批判性思维,强调了教师在打破辩论中可能出现的僵局方面的积极作用。此外,成功开展合作学习取决于五个要素:①小组成员间建立积极的互赖关系,明白必须共同努力方能完成任务;②促进学生间的互动交流以成功完成共同任务；③确保小组成员清楚自己的责任并对自己的任务负责；④对学生进行合作策略培训，特别是当组内成员有不同意见时如何有效交流；⑤反思小组进程，要求学生对合作学习的过程以及相互间的合作关系进行反思(Gillies，2016)。

国内合作学习作为一种创新的教学理论和教学策略被广泛应用于大学英语课堂教学始于20世纪80年代末、90年代初，随之开始出现合作学习的研究与实验，并取得了丰富的成果。研究问题主要涉及四个方面。

(1) 合作学习在自主学习中的应用。合作学习与自主学习相互促进，互为补充。一方面，合作学习本质上是集体的自主学习，自主先于合作，合作基于自主。在课堂教学中只有将自主学习与合作学习有效结合才能使小组成员首先独立思考、自主探究，然后形成个性化的见解，最后在小组讨论中出现不同观点的碰撞，产生知识的互补(梁田，2010)。研究者发现合作学习不仅能有助于优化课堂教学环境，增强学生自主学习的责任感(李广凤 等，2015)，而且在大学英语课程结束之后同伴之间的课外合作学习仍然是促进学生英语自主学习能力发展的有效途径(徐锦芬，2013)。基于团队合作的大学英语自主学习模式能有效解决自主学习中存在的问题，如学生缺乏有效的学习策略，学习效率低，拖延等(吴颖 等，2014)。另一方面，随着微课、慕课、翻转课堂的推广，章木林等(2015)构建了基于"输出驱动-输入促成假设"的大学英语混合合作学习模式，发现英语自主学习能力通过积极互赖的中介作用影响混合合作学习满意度，作用路径可归纳为"目标驱动、资源促成、评价保障、策略先行"(章木林，2017)。徐锦芬(2012)将自主、合作、批判性相结合，鼓励学生进行批判性合作自主学习以促成有效合作。

(2) 网络环境下的合作学习。基于计算机网络的合作学习已逐步向移动式合作学习转变，智能手机的普及使QQ、微信、E-mail等社交媒体为人们提供了远程交流的便利，学生的合作学习不再受时空限制，已成为合作学习理想的模式(归樱，2006)。毛继光等(2010)采用大学英语任务-自主-合作学习模式，通过大学英语教与学的两个载体，"学生英语学习合同"的履行和"英语学习互教中心"的建立和展开，在理论和实践上阐述了大学英语网络教学改革的实践性与开拓性。顾世民(2011)探索了在虚拟学习环境下构建大学英语辅助教学模式——集成合作学习和自主学习，实现两者的对话与互动，发挥各自的优势，实现教学与学习绩效的最大化。晋刚等(2011)以生态教学理论为指导，提出通过合作学习和多媒体网络学习来构建和谐生态课堂的设想，以提高教学效果。邵钦瑜(2014)采取实证研究方法，通过构建大学英语合作学习模型和对比试验数据分析，发现混合环境下的合作学习有利于克服学生的孤独感，提高学生的自信心及人际交往能力，有利于增强学生的语言习得能力，全面提高语言水平。李春光(2013)探讨了网络多模态学习环境理论在音体美专业大学英语教学中的应用。其研究结果表明新的学习环境以及教学模式在调动学生的积极性、激发学生兴趣、提高自主学习及小组合作学习能力等方面具有较强优势。章艳乐(2013)以混合式学习和合作学习理论为指导,构建了"大学英语课内外一体化学习模式",通过互联网、自主学习平台和QQ通信软件实现了传统课堂合作学习(F2FCL)与网络合作学习(Web CL)的优势互补,促进了大学生英语听说能力及自主学习能力的提高。总之,借助于互联网,合作学习从内容、手段、模式等方面正改变着大学英语的教学与学习。

(3) 合作学习在大学英语教学中的具体运用,包括运用于口语、阅读、写作教学。刘爱军(2011)依据合作学习等相关理论,通过纵向和横向比较以及定性和定量研究相结合的方法,考察了合作学习模式在大学英语教学实践中的优势、可能存在的问题及解决途径。应洁琼等(2017)采用行动研究方法探索了如何应用合作学习理论提高大学英语口语教学,创建了"一个平台、三类任务、四维评价"的口语教学模式。该模式证明合作学习对增强学习积极性、营造轻松的课堂氛围、消除学习焦虑情绪有着积极的作用。张法科等(2004)以上海外语教育出版社出版的《大学英语(全新版)》的一篇课文为例,将合作学习理论运用于大学英语阅读课教学,有效改变了传统的以教师为中心的课堂教学模式,提高了教学质量。吴荣辉等(2014)调查了合作学习在大学英语写作教学中的应用效应。结果表明合作学习能帮助学生克服写作困难和写作焦虑,从而提高写作成绩和增强写作能力。赵迎(2013)以课堂学习共同体理论在大学英语精读课的实践为例,探讨该理论对大学生英语语言生成能力提高的影响。通过实证研究作者发现课堂学习共同体有效促进了学习者英语运用能力、自主学习能力、合作交往技能的全面发展与提高。课堂学习共同体以学习者分享共同愿景、交流合作的学习方式,民主、平等的课堂氛围,多种评价方式相结合的课堂评估为特征,是一种值得大学英语教学借鉴的理论策略。

(4) 教师间的合作学习。合作学习不仅能促进学生自主学习能力与合作能力的发展,而且也能提升教师自己的专业能力。但目前相关文献很少。唐明凤(2011)对三所大学的英语教师做了问卷调查,结果发现目前大学英语教师合作学习通常有两种方式:基于教研室的合作学习和师徒带教式合作学习。两种方式均存在一些问题,如集体备课中教学探讨多,科研探讨与合作少;重综合、轻听说课,重内容、轻学习策略和微技能的探讨。教师互相听课虽然有利于相互学习,但大多数教师都不愿被听课;又由于繁重的教学任务,实际操作比较困难。师徒带教式的合作肤浅而非深入,因为它是"自上而下"强制性的"合作",而非自愿行为;教师课时量大和课时的安排冲突;组织上缺乏有效的激励措施和监督机制。为此,作者提出了相应的解决方法:改大教研室合作为小组合作;变一人备课为小组内人人备课;提供多种互相听课的方式;创设有利条件,保证师徒带教的顺利开展。总之，应创建开放型的教师文化，大力开展合作学习培训，促进在职教师的专业发展与职业提升。

综上所述，国内外学者对合作学习理论的概念、适用范围、成功要素及具体应用等做了广泛探究。文献主要聚焦于合作学习与自主学习的相互促进，利用网络环境进行合作学习，合作学习在大学英语不同课程（如口语、写作、阅读）教学中的应用。最终目的是创建积极的课堂生态环境，提高教学效果。但是研究对象少有针对大学非英语专业新生这一特殊群体的，尤其是他们在综合英语课程教学中的合作学习。为此，笔者在前人研究的基础上，分析大学非英语专业新生的特点，综合英语课程教学中存在的问题及原因，尝试提出解决问题的对策——开展合作学习，以期有效改善课堂教学环境，营造和谐、友好，轻松、愉悦的课堂氛围，实现以教师为主导，学生为主体的教学模式，鼓励学生积极主动参与课堂教学活动，有效改进教学效果。

2　合作学习在非英语专业大学新生综合英语教学中的应用

2.1　综合英语教学存在的问题及原因

纵观目前非英语专业学生的大学综合英语教学课堂，笔者发现大学新生习惯被动学习、独立学习，合作学习不积极，课堂难以活跃，教学效果不尽如人意。根据课堂观察及课后与学生交流，笔者分析其原因主要是高中英语和大学英语存在很大差别，新生还没适应大学英语教学。首先，高考以英语为主科，与数理化同等重要；进入大学，对工科学生来说大学英语成了基础学科，学生不够重视，抱着“吃老本，考试只求及格”的态度。其次，高中英语教学大多以教师为中心，语法为重点。填鸭式教学、题海战术使学生不愿主动回答问题，也不需要他们回答，因而学生习惯了被动学习。高考的压力和有限的课堂时间不允许学生有合作学习和展示自我的机会，因此高中阶段学生已养成独立学习习惯，不喜欢与同学讨论交流。而大学英语倡导的是以教师为主导、学生为主体，充分发挥学生的主观能动性，通过基于任务或项目的自主学习、合作学习、探究式学习来实现教学目标。再次，中学英语学习以高考为唯一目的，学生抛开了其他一切语言交际活动。而大学英语的教学目标在于不仅要“培养学生的英语应用能力，增强跨文化交际意识和交际能力”，而且要“发展自主学习能力，提高综合文化素养”（《教学指南》，2017）。此外，为了培养自己各方面的能力，大学新生热衷于参加各种协会，课外活动占据了大量的业余时间。加上专业学习压力不断增大，学生已无暇顾及大学英语。最后，中学英语教学、教材较单一，课文篇幅较短。可是大学英语不仅有课内教学还有课外自主学习。近年来我校大学英语教学不断实行改革，学分由14分减少至7分，课时由224学时压缩至112学时，开课为期一年。课程分为综合英语和听说两门课程，两套教材。综合英语使用上海外语教育出版社的《全新版大学英语综合教程（第二版）》（东边学生）和高等教育出版社的《新大学英语综合教程（卓越篇）》（西边学生）。听说课使用《新视野大学英语视听说教程（第三版）》。课内第一学期学习第三册，第二学期学习第四册。同时，第一、二册作为学生课后自学、课上教师检测的教材，一并纳入教学计划。大一新生一开始就是高起点，学习《全新版大学英语综合教程3》，内容繁多，课文偏长、难度较大，生词过多，课堂时间又极其有限。而绝大部分学生都没有预习、复习的习惯，而且发达的网络让学生随时可以获取课文译文、练习答案等参考资料。其结果是学生跟不上教师的节奏，课堂比较沉闷。因此，针对这些问题，笔者在综合英语教学中尝试采取了合作学习策略，有效改善了课堂环境，提升了综合英语教学效果。

2.2 对策：合作学习

合作学习贯穿了大学综合英语教学始终，包含合理分组、任务分配、自主学习与合作学习、展示与评价四个环节。

环节一，合理分组。为保证合作学习的顺利开展，开学之初，根据性别、性格以及高考英语成绩分组。首先同学们自告奋勇，担任课代表（一名）和组长（六名）。然后请组长分别就座于教室左右各三排位置。再请其他同学愿意跟随哪位组长就坐到那位组长一排。教师当场宣布课代表和组长职责。一两次课后，教师再根据组间同质，组内异质的分组原则进行微调，固定座位，以便开展课堂小组讨论。这样既保证各组享有相同的成功机会，又利于组内成员互补，共同进步。根据教学计划，综合英语课程第一学期课内要完成《全新版大学英语综合教程》六个单元，因此我们规定每个班分成六个小组，每组3～5人（我校实行小班教学，每班一般不超过30人）。基于不同的单元主题，每个组正好完成一次项目式作业。多年的实践发现，课代表和组长通常都英语成绩较好，特别是对自己的口语比较自信，性格开朗，热心服务，有一定组织能力和责任心。由于是自愿组合，在教学活动中组长都能主动与老师配合，组员也听从组长安排，积极合作完成小组任务。

环节二，任务分配。在综合英语课堂上，采取教师授课和小组合作学习相结合的方式。在处理课文时，首先带领全班了解相关背景知识，分析文章文体、篇章结构，然后教师将课文按照一定的结构或内容分为若干部分，选取其中部分课文作为示范，引导学生如何欣赏课文，包括信息抓取、写作手法、修辞运用、重点词汇、长难句的理解等。之后，以合作理论为指导，采用拼图式活动

(Jigsaw)模式,教师就剩下各部分给出具体任务。要求每个小组负责一部分课文的学习。组长进一步细化任务并分配给所有学习者。

环节三,自主学习与合作学习。学生就所分配的任务进行自主学习,主动输入语言文化知识,并在此基础上进行自由讨论。合作学习的形式不局限于学期初分好的固定学习小组,有时同座两个同学组成对子,有时全班分为两个大组,或前后两排的同学组成小组。讨论过程中,小组成员为完成共同的任务精诚合作,互帮互助。课堂气氛轻松愉悦,消除了学生的焦虑情绪。

环节四,展示与评价。基于之前的自主学习、合作学习,同学们对老师提出的问题都胸有成竹,所有成员这时都积极主动,勇于表达。组间各组依次展示不同的任务,组内不同的任务由不同的同学展示,保证人人参与。展示过程中,听众积极提问,如果被问者不能解答,教师组织全班讨论,如还不能解决,教师则及时答疑。这样经过学生与课本的互动(即自主学习),学生间、师生间的合作学习,课文从整体到部分,再由部分到整体,得到了充分的理解。实践发现,在教师的指导下,学生逐步提高了把握课文重点难点的意识,增强了欣赏美文的能力。此外,展示与评价还体现在基于单元主题的项目式作业。为了对课文进行拓展,将课内学习延伸到课外,每单元教师都会布置项目式作业,由小组成员共同完成。根据教学计划,每个单元需要两周四课时完成,因此第一周布置任务,第二周上课展示,时间规定为十分钟,展示内容紧紧围绕单元主题,要求所有小组成员上台,形式不限,但必须设置互动环节。实际上,综合英语第一学期完成了六个单元,布置了六次项目式作业。六个小组展示的形式各不相同,但都精彩纷呈,包括讲故事、短剧表演、街头采访、辩论比赛、微视频制作、新闻报道等。每次领到任务,在教师的指导下,组长组织成员进行讨论、分工。经过各自课后收集资料、整理信息、制作 PPT,组长再进行整合,课前集体操练,最后在课堂上完整展示。展示完毕,听众提问、评价、提出改进建议,教师再补充、小组成员商议打分,计入平时成绩。所有学生都可能被要求评价他人,这就迫使他们必须认真听讲,积极参与。通常评价者的点评都非常到位,涵盖优点、不足和建议。这不仅得益于导学课上教师带领学生学习了评价表(见附录 C),明白了评价的内容、标准、分值等,而且归功于评价策略培训让学生明白这既是评价标准,也是自己展示要达到的目标。教学实践证明,培训效果显著。在展示时,各小组都努力做到主题明确、信息丰富、逻辑有序、内容积极向上,极力模仿标准的语音语调语速,运用适当的身体语言积极与听众互动,并借助音频、视频,展示生动有趣。在真诚、友善的氛围中,大家互相学习,共同进步。此外,合作学习还体现在检测词汇、评改写作和翻译练习的过程中,自评、互评、师评交叉进行。总之,在非英语专业大学新生综合英语课程教学中,合作学习体现在教学各个环节。下面以《全新版大学英语综合教程(第三册)》第五、六单元为例,说明合作学习的实施步骤。

2.3 具体实施步骤

Unit 5 Writing Three Thank-you Letters

Step 1 Warming up

Questions for discussion in pairs：

What popular festivals do you know in China and in America?

How much do you know about Thanksgiving Day?

How do you understand thanksgiving?

Whom do you want to thank most? Why and how?

学生结对讨论，给出简要回答，教师进行补充。教师播放视频 *The History of Thanksgiving Day*，带领学生了解相关文化，拓宽视野。同时引出 Text A *Three Thank-you Letters*，并介绍作者背景及相关历史、文化、宗教知识。如 World War Ⅱ，the Coast Guard，for Pete's sake。

Step 2 Global understanding

Students (Ss for short) skim the text individually，then in pairs work out the structure of the text，making clear the major idea of each part.

Teacher（T for short）guides Ss to figure out the writing style and features.

Step 3 Detailed understanding

T leads Ss to learn Part Ⅰ(Para. 1-9)

T divides Part Ⅱ (Para. 10-16) and Part Ⅲ (Para. 17-26) into six sections according to the letters sent and letters received. Each group deals with one section.

Ss first do autonomous learning independently，then work in groups and complete the assigned tasks respectively which include：

Why did the author want to give gratitude to Father，The Rev. Nelson and Grandmother?

What responses did the author get from the three correspondents?

Find out some special sentence patterns，beautiful sentences and useful expressions.

Summarize all the words related to ship and thanks.

Each group presents before the whole class，reporting what they have discovered through discussion.

T organizes Ss to handle common difficulties，answers their questions and adds the missing key points.

Ss work in pairs to rewrite the letters sent and responses in their own words. Each pair may choose to be father and son, the school principal and student, grandma and grandson

Or Ss write a thank-you letter to anyone who has given them a lot of help in their real life.

Then read each other's letter, do peer correction to help improvement.

上述步骤中,个体自主学习与对子活动、小组交流、师生讨论相互交错;输入与输出相互结合,课内向课外延伸;学生不断地吸收与实践语言文化知识,提高产出能力。

Step 4 T assigns theme-related project-based operation for group presentation

Compare and contrast Thanksgiving Day and Mid-autumn festival.

What is the essence of Thanksgiving Day? Do you think the way Alex Haley celebrated Thanksgiving makes sense? Why?

As Thanksgiving Day is approaching near, how will you celebrate it? Report to class whom you appreciate most in your life and study. How do you express your gratitude to him or her this year?

Step 5 Group presentation and comment giving

合作完成项目式作业体现在课前准备、课上展示以及展示后评价三个阶段。首先,小组成员在组长的组织下,分别搜集与感恩节和中秋节相关的音频、视频、图片、文本等,然后大家一起归纳、整理、内化,制作 PPT,进行预演。其次,课堂展示的开场白与结束语通常是由组长负责,组员各陈述一部分,各部分紧密衔接。组员分别围绕两个节日的起源、日期、性质、目的、习俗等进行比较,阐述其异同,强调节日的内涵、意义。特别是受到课文主人公的启发,同学们在感恩节来临之际分别向父母、老师、挚友等通过邮件、短信、微信、QQ 等方式表达了诚挚的感谢。按照老师的要求,必须设计与听众互动的环节。有的小组根据展示内容设置提问环节以检测听众是否理解,甚至为答题者准备了小礼物,课堂气氛十分欢快,有效改善了课堂生态环境。最后,师生合作评价,认为虽然展示者的口语水平有待提高,PPT 制作还须改进,但展示的内容信息丰富,逻辑清楚,生动有趣,富有创意,体现了团队精神。学生的展示实现了项目设计的初衷:实现"语言技能与人文教育双璧合一"(孙璐,2018)。通过对比中西方重要的节日,同学们不但锻炼了语言运用能力,而且拓宽了文化视野,了解了中西方文化的共性,深刻理解了感恩节和中秋节的本质——发现美好,心存感恩;家是温暖的港湾,阖家团圆是永恒的夙愿。

由于教材中不同的单元涉及不同的题材与体裁,因此教学方法也不尽相同。但不变的是师生和生生间的合作学习。下面再以第六单元为例说明具体合作步骤。

Unit 6 The Human Touch

Step 1 Warming up

① Listen to the English song *We Are the World* and predict the theme.

② Brainstorm: words concerning the theme.

首先全班学生听歌曲填歌词,然后自由讨论,预测单元主题以及相关词汇。目的是在训练听力的同时,激活他们对人间温情已有的认知,唤醒其已知表达。紧接着教师补充未被提及的词汇,介绍课文中出现的新词汇,引导学生了解作者背景包括其生平、作品及写作特点。并进一步提出问题,开展对子活动:

Which short story written by O. Henry are you familiar with? Share with your partner, please.

What do you think about today's society and people's relationship? Indifferent? Merciless?

Would you share with each other some stories conveying the human touch happening to you or others?

此举旨在传播优秀文化,引导学生看到社会的光明面,以积极的态度对待生活,弘扬真善美,传递正能量。

Step 2 Global understanding

Ss watch the film adapted from the story *The Last Leaf*. While watching, Ss figure out individually the necessary ingredients of an attractive story: when, where, who, what, how and why in order to be clear about the main plot.

Ss work in groups and sort out what they have got, then describe the story in their own words.

Ss skim the text independently to make clear the development of the story, finding out the main thread and auxiliary threads.

T guides Ss to analyze the writing style and features.

Ss work out in groups the text organization. Each group is responsible for one scene by understanding its characters and events, then describing it in their own words.

Step 3 Detailed study of the text

① T leads Ss to study scene Ⅰ (Para. 1-2) in details.

② T divides the remaining part of the text into six sections according to the six scenes, each group deals with one scene, focusing on the language points, rhetorical devices, vocabulary concerned with painting.

Ss first do autonomous learning independently, then work in groups and complete the assigned tasks respectively.

Each group presents before the whole class, reporting what they have discovered through discussion.

T organizes Ss to deal with their common difficulties, answer their questions and supply the missing points.

Step 4 Ss enjoy various versions of *The Last Leaf* for the purpose of getting prepared for their assignments

① an animation of love story

② reading of the original story combined with music and animation

③ VOA story reading

Step 5 A: T assigns theme-related writing task for all Ss

Directions: Please write an essay based on the picture below. You should start your essay with a brief description of the picture and then comment on this kind of phenomenon. You should write at least 150 words.

写作任务体现了教师始终将既教书又育人放在首位的理念。通过语言实践要求学生关注社会,关心他人,弘扬美德,学会保护自我。

同时,教师紧密结合大学英语四级考试,讲解如何写作看图作文,并且提供范文。让学生了解此类作文的要求、结构,要求尽量使用本单元所学的好词好句,提升语言能力。

Step 5 B: T assigns theme-related project-based task for group presentation

Choose one of the following topics to present:

① Introduce one of O. Henry's most famous short stories, adapt it into a short play and perform it in class.

② Adapt Text A into a new version with creative ideas. It may be recorded before class or performed in class.

Step 6 Group presentation and comment giving

有了之前充分的语言、文化知识输入，最后的输出环节小组成果展示相当出彩。学生的表现极富想象力与创造力，体现了综合能力的极大提升。选题目①者借助自制的简单道具现场表演了《警察与赞美诗》《麦琪的礼物》等，表演者都深入角色，完全脱稿，富有表现力与感染力，现场掌声不断。选题目②者紧扣单元主题，自编、自导、自拍了大学生活中帮助好朋友戒掉游戏，重新成为优秀学生的人间温情故事，表现了当代大学生积极向上的心态以及珍贵的友谊。加上音乐、剪辑、精彩的表演，尤其是流畅的语言，所拍摄的视频获得了同学们的高度评价，赢得了满分 10 分。通过课堂展示项目式作业，小组成员极大地增强了自信，获得了成就感与自豪感，培养了团队精神，完美呈现了合作学习的优势：相互学习，合作共赢。

3　教师反思

笔者连续三年在非英语专业大学新生“综合英语”课程教学中实施了合作学习策略，将基于自主学习的合作学习贯穿于课前、课中、课后的各个阶段。通过合理分组、任务分配、自主学习与合作学习、展示与评价四个环节，师生合作、生生合作的教学模式有效改善了课堂生态环境，增强了学生自主学习的责任感，培养了合作能力与团队精神，课堂教学的有效性得到了提升，也得到了广大学生的认可。具体表现在：①在合作过程中，组内成员不仅学会了对自己的学习负责，而且形成了积极互赖的关系。为了完成共同的任务，小组成员虽然分工明确，但都精诚合作，互帮互助，共享资源。②教师对课文的示范教学起到了引领作用，精心设计的任务激发了学生的学习动机与热情，实现了以教师为主导、学生为主体的教学理念。③自主学习将学生从被动学习转向了主动学习，增强了自主学习能力，提升了其认知水平和语言技能；有效的合作学习则改善了课堂生态环境，消除了学生的焦虑情绪，尤其是英语口语较差的同学变得更加自信了；合作讨论还增进了友谊，培养了交际能力。④小组课堂展示促进了目标语言的应用，锻炼了学生的胆量，增强了自信；师生合作评价使学生学会了如何尊重他人，如何实现学习目标。

在长期的教学实践中笔者发现影响合作学习成功的因素很多，如班风、专业、语言基础、个体性格等，但是教师、任务设计、策略培训与组长负责制是有效实施合作学习的关键。首先，教师应该充分发挥作为组织者、引导者、信息提供者、观察者、帮助者、解惑者、合作者和评价者的重要作用，不但要坚持合理分组原则以保证组间相同的成功机会，鼓励组内成员建立积极的互赖关系（Gillies，2016），而且要不断激发他们的学习动力，促进学生间的交流与互动。其次，作为课堂活动设计者，教师所设计的任务应既具有开放性又具有挑战性，必须经过小组成员的共同努力才能完成。再次，开展显性的学习策略培训十分必要。教师对课文分析的示范引领使学生学会了如何抓住重点、发现难点、欣赏亮点、发现问题及解决问题。令人欣慰的是，长期的示范与训练使学生从当初的无从下手到一学期后的熟练操作，逐渐能跟上教师的思维与课堂节奏，达到教师的期望。评价培训使学生了解了合作学习的评价机制与标准，明确了合作学习中的个体责任。教师应加强对合作学习的积极引导，通过有效的合作学习提高学习者自主学习能力（章木林 等，2015）。最后，采取学生自愿担当课代表和组长的策略是合作学习成功的必要保障。组长负责制要求组长主动、积极、负责、性格开朗，具有较强的组织能力和英语语言能力，否则有效合作学习同样难以顺利进行。当然，学生基础越好，学习动机越强，合作学习越容易实施，教学效果更好。

然而，非英语专业综合英语教学中开展合作学习仍然存在一些问题，如在合作策略培训阶段，教师需要极大的耐心，花费较长时间引导学生做什么、怎么做以及为什么做，导致教学任务有时难以按时完成；学生的口语水平限制了其思想的表达，想说说不出；提高班、卓越班的学生语言基础好、学习动机强，合作学习更易成功开展，而普通班学生更需要激发其热情；教学内容的难易程度在一定程度上会影响合作学习的有效性；如何把握课堂小组合作学习的频率与时间等，所有这些问题都有待在今后的教学中进一步探讨。

4　结语

作为一线教师应在教学实践中不断发现问题、解决问题。笔者近年发现非英语专业大学新生英语高考成绩越来越好，班上超过 140 分的占到 10%～15%，甚至有 147 分的同学。赞赏的同时也惊讶于多数学生习惯被动学习、独立学习，合作学习不积极，导致大学英语课堂难以活跃，严重影响了教学效果。为了改变这一现状，笔者在教学中长期采用了基于自主学习的合作学习策略，创造了轻松愉悦的课堂气氛，有效提高了教学质量。在今后的教学中还将进一步探讨如何让普通班的学生，特别是基础较差、性格内向的学生更快地适应大学英语学习，积极主动参与合作学习。

本章参考文献

[1] FUNG C L,TO L,LEUNG K. The influence of collaborative group work on students' development of critical thinking: The teacher's role in facilitating group discussions[J]. Pedagogies: An International Journal, 2016,11(2):146-166.

[2] GILLIES R M. Cooperative learning: Review of research and practice[J]. Australian Journal of Teacher Education,2016,41 (3):39-54.

[3] JOHNSON D, MARUYAMA G, JOHNSON R, et al. Effects of cooperative, competitive, and individualistic goal structures on achievement: Ameta-analysis[J]. Psychological Bulletin, 1981, 89(1): 47-62.

[4] KING A. Structuring peer interaction to promote high-level cognitive processing[J]. Theory into Practice,2002,41(1):33-39.

[5] SLAVIN R, LAKE C, HANLEY P, et al. Experimental evaluations of elementary science programs: A best-evidence synthesis[J]. Journal of Research in Science Teaching,2014(51):870-901.

[6] SYAHRIR S. Effects of the jigsaw and teams game tournament (TGT) cooperative learning on the learning motivation and mathematical skills of junior high school students[C]//Proceedings of the international seminar and the fourth national conference on mathematics education, 2011:155-168.

[7] 顾世民. 虚拟学习环境下大学英语辅助教学模式研究——合作学习和自主学习的集成框架探索[J]. 外语电化教学,2011(6):59-65.

[8] 归樱. 网络环境下的合作学习研究[J]. 外语电化教学,2006(2):8-12.

[9] 晋刚,朱毅. 构建生态课堂——大学英语大班教学的新方向[J]. 外国语文,2011,27(S1):157-158.

[10] 李春光. 网络多模态学习环境理论在音体美专业大学英语教学中的应用研究[J]. 外语电化教学,2013(5):71-75.

[11] 李广凤,刘丽红. 学生英语自主学习能力发展研究——基于大学英语课堂环境的优化[J]. 教育理论与实践,2015,35(3):49-51.

[12] 梁田. 合作学习在大学英语自主学习中的应用[J]. 中国成人教育,2010(3):141-142.

[13] 刘爱军. 网络环境下大学英语合作学习模式的构建[J]. 中国电化教育,2011(6):109-112.

[14] 毛继光，孙春. 大学英语任务—自主—合作学习模式实践性探究[J]. 中国大学教学，2010(8)：29-31.

[15] 邵钦瑜，何丽. 基于网络与课堂混合环境下的大学英语合作学习模型构建及实证研究[J]. 外语电化教学，2014(2)：31-35，47.

[16] 孙璐."语言技能"与"人文教育"双璧合一的英语专业教学——基于上海外国语大学英语专业综合英语课的人文化教学改革[J]. 外语教学理论与实践，2018(2)：65-70，56.

[17] 唐明凤. 大学英语教师的合作学习[J]. 西南民族大学学报(人文社会科学版)，2011，32(S2)：93-95.

[18] 王坦. 论合作学习的基本理念[J]. 教育研究，2002(2)：68-72.

[19] 吴荣辉，何高大. 合作学习在大学英语写作教学中的应用效应研究[J]. 外语教学，2014，35(3)：44-47.

[20] 吴颖，庄秀华，马云晓. 建立团队合作的大学英语自主学习模式[J]. 山西师大学报(社会科学版)，2014，41(S4)：210-211.

[21] 徐锦芬. 论外语教学中的批判性合作自主学习[J]. 外语教学，2012，33(3)：51-55.

[22] 徐锦芬. 课外合作学习对大学生英语自主学习能力影响的实证研究[J]. 解放军外国语学院学报，2013，36(5)：39-43，126-127.

[23] 应洁琼，宁强. 合作学习理论视角下大学英语口语教学的行动研究[J]. 中国教育学刊，2017(S1)：98-101.

[24] 张法科，赵婷. 合作学习理论在大学英语阅读教学中的应用[J]. 外语界，2004(6)：46-51.

[25] 章木林，宋红波. 合作学习模式对学习者积极互赖与英语自主学习能力的影响[J]. 当代外语研究，2015(11)：44-49，78.

[26] 章木林. 英语自主学习能力对混合合作学习满意度的影响[J]. 现代外语，2017，40(4)：564-574，585.

[27] 章艳乐. 基于 BL 和 CL 理论的大学英语一体化学习模式实验研究[J]. 外语电化教学，2013(5)：16-24.

[28] 赵迎. 课堂学习共同体——一种值得大学英语教学借鉴的理论策略[J]. 山东外语教学，2013(4)：66-73.

[29] 中华人民共和国教育部. 大学英语教学指南(教育部 2017 最新版)[EB/OL]. (2017-02-03)[2018-08-03]. http://www.360doc.com/content/17/0203/14/413468_626210661.shtml.

附录 C:小组展示评分标准

No.	Items	Score
1	Contents 内容(theme-related, informative, interesting, meaningful, enlightening, logical, accurate use of language)	2
2	Creativity 创新 (originality, adaptation)	2
3	Verbal behavior 言语行为(pronunciation, intonation, clarity, voice, volume, pace, fluency, communicative)	1
4	Nonverbal behavior 非言语行为 (body language: facial expressions, posture, gesture, eye contact)	1
5	Audio/visual support 视听 (PPT-clear format, slides in logical order, appropriate images, headings & key words, accurate spelling & grammar, relevant video or audio)	1
6	Audience engagement 听众参与 (interaction)	1
7	Timing 时间(within time limit, proper allotment)	1
8	Team spirits 团队精神(cooperation, participation)	1
Total score		10

第八章 任务型教学法在《新大学英语综合教程》中的应用

在目前大学英语教学学时不断缩减的情况下，如何提高大学英语教学质量是非常值得老师们思考和亟待解决的问题。在完成《新大学英语综合教程：辨思篇/卓越篇》这套新教材后，笔者利用暑假时间对一年的教学活动进行了反思，主要从教学内容、教学方法、教学过程和教学效果等方面进行总结，同时归纳教学所遵循或依据的相关教学理论，以期能改进今后的教学工作，提升教学效果，同时进一步加强自身的教学理论素养，为以后的教学科研活动打下基础，实践教研有机结合。回顾一年来成功完成新教材教学任务的教学活动，笔者主要探讨了任务型教学法在不同单元教学、不同话题主题讨论中的应用。任务型教学法(Task-Based Language Teaching，以下简称 TBLT)是基于完成交际任务的一种语言教学方法，以计划和操作为其中心内容。它通过师生共同完成语言教学任务，使外语学习者自然地习得语言，促进外语学习的进步。笔者在分析大学英语课堂的教学现状和问题的基础上，结合任务型教学法的理论基础，并以《新大学英语综合教程》为例，充分探讨任务型教学法在大学英语课堂中的实践和应用。

1 任务型教学法的理论基础

任务型教学法是 20 世纪 80 年代兴起的一种强调“做中学”的语言教学方法。把语言应用的基本理念转化为具体实践的课堂教学方式，是近 20 年来交际教学思想的一种发展形态。任务型教学法是指“将任务置于教学法焦点的中心。它视学习过程为一系列直接与课程目标联系并为课程目标服务的任务，其目的超越了为语言而练习语言”，即一种将任务作为核心来计划、组织语言教学的途径(Brown，1994：83)。

(1) 任务型教学法的理论依据：夏纪梅等(1998)把问题教学法(Problem-Based Learning)和任务型教学法进行对比分析，认为任务型教学法的理论依据是语言学习本身是交际和超越交际的，因此语言教学不应是狭窄的语言训练，而是宽广的方法教育。因此，在完成一项具体任务的过程中，语言运用的广泛性、深入性、复杂性、机动性都能得到全面体现。但是"任务"是需要被选择和设计的。

（2）任务型教学法要遵循的原则：为了促使学生能真正在完成任务的过程中习得语言，教师在设计任务时，要遵循以下原则（Tikunoff，1985，转引自夏纪梅等，1998：37-38）。①反应原则（response mode demands）。任务型教学法能真正做到将语言技能和工作能力紧密结合起来，通过完成任务去发展认知能力等诸多方面。②交际原则（interactional mode demands）。任务型教学法把语言学习作为一个交际过程，不是狭隘的语言技能的学习，而是把语言作为一种交际的工具。③复杂原则（task complexity demands）。任务型教学法指导下的任务选择要有一定难度，有一定的复杂性，能真正让学生在"做中学"。

（3）任务型教学法的任务分类和教学过程：从总体而言，"任务型"教学分为强式和弱式两种（strong and weak forms of the task-based approach）。强式任务型教学是将任务看作语言教学的基本单位（the unit of language teaching），它将整个教学过程包括语言知识的学习都转化成一系列的任务，似乎二语习得如同母语习得一样是同一种交际过程的结果（Wells，1985）。Jane Willis（1996）指出，任务型学习活动强调的是学习语言中"意义至上，使用至上"的原则，这就要求学习者为完成一个任务而在活动中以交流为目的（"with some kinds of communication purpose"），真实地使用语言（"process the text for meaning in order to achieve the goals of the task"）。弱式任务型则强调任务是语言教学的重要组成部分，主张先讲授语言知识，再设计一系列的任务让学生用语言练习完成，然后根据学生完成任务的情况再归纳和总结语言知识。

语言学家对任务教学法中具体的任务进行了多角度的讨论，因此分类也不尽相同。如 Nunan（1989）在《交际课堂的任务设计》一书中把任务分成两种类型：真实性（real-world）的交际任务和教学型（pedagogic）的交际任务。Pica（1993）等人根据完成任务过程中所产生的相互影响把任务分成五类：要求学生把散乱的若干条信息拼成一个整体的拼版式任务（jigsaw tasks）；学生双方必须探清对方的信息以促进一项交流活动的信息差任务（information-gap tasks）；给学生一个问题及一系列信息，让其找到解决方案的解决问题式任务（problem-solving tasks）；给学生一个可能有几种结果的问题，让他们通过协商和讨论选择一种结果的做决定式任务（decision-making tasks）；要求学生针对某话题参加讨论，互相交换意见的交换意见式任务（opinion-exchange tasks）。此外，Skehan（1998）又把任务分成三类：如向别人描述简单事物的静态任务（static task）；如讲故事，描述车祸，打电话预订等动态任务（dynamic task）；如发表观点、意见等抽象型任务(abstract task)。

而教学过程则包括任务前(pre-task)的准备,任务中(during task)的实施与引导和任务后(post task)的反思(reflection)。Skehan(1996)认为任务前期准备活动的目的是增加学习者重构内在语言知识的机会,包括融入新的语言项目和重组已掌握的语言知识。因此从总体而言,"任务型"教学要求所设计的任务应由简到繁,由易到难,层层深入,具体应该包含以下几个环节,即"课堂导入"环节、"参与任务"环节、"学习新知"环节、"巩固新知"环节和"操练运用"环节。

(4) 任务型教学法中教师的角色:任务型教学法体现了外语教学在教学目标与功能方面的根本转变,体现了传统教学法从关注教法到关注学法的转换,因此课堂教学以从教师为中心转变为以学生为中心。Stevick(1996)指出,在教学这一盘棋上,教师是一颗力大无穷的棋子。教师阅历广、知识丰富,可以恰如其分地指导学生扮演角色。因此,总体而言,在任务型教学中教师同时扮演着多种角色,如选择者、合作协商者、引导者、总结示范者等。在教学过程中为了使语言运用的广泛性、复杂性、深入性等都得到全面的体现,对教师的要求更高。

2 任务型教学法国内外研究发展历程

任务型教学法可谓是外语教学一次大的变革和创新,是外语教学界提出的"过程教学大纲"的产物,其重心从"学生学什么"转换到"学生怎样学",从对语言学习内容的强调过渡到对学习和掌握语言的过程的重视。这一教学理念一经提出,便引起了国内外外语教育教学专家的高度关注,他们分别从不同的角度对任务型教学法进行解读,并在此基础上探讨该教学法在不同语言课堂上的应用。

2.1 国外研究发展历程综述

国外学者在任务型教学研究方面做出了很大的贡献。Robinson(2001)论述了任务的认知复杂性对语言产出的影响以及学习者对任务难度的理解等问题。Bachman(2002)讨论了任务型语言表现评估方面的问题。Glenn(2003)回顾了口语考试中任务难度对考生的影响并提出了一些建议。Lee(2004)探讨了语言产出、交际策略和交际任务之间的关系并从中国学生的话语角度探讨了第二语言系统和任务学习的关系。Nunan(2004)出版了《任务型语言教学》(*Task-based Language Teaching*)一书,作为对 1989 年版的《交际课堂的任务设计》(*Designing Tasks for the Communicative Classroom*)一书的补充与扩展,从任务型语言教学的定义、框架、任务构成、经验基础、形式聚焦、整合任务、评价任务与教师发展 8 个方面详尽地解释了任务型语言教学。Rod Ellis (2005)编写了论文集 *Planning and Task Performance in a Second Language*，论文集中的论文系统地论述了任务计划的本质与其对实验室、课堂与测试环境中任务表现的影响。

总体而言，国外关于任务型教学法的研究主要集中在理论层面，如任务型教学法的理论依据、原则和任务分类，任务难度的研究、任务难度对学生评估的影响、学习环境对任务完成的影响等方面，这和国内关于任务型教学法的研究有一定的区别。

2.2 国内研究发展历程综述

国内关于任务型教学法的研究从内容上看可以大致分为两类，即理论层面的研究和任务型教学法在不同课堂类型中的具体运用研究。在理论层面上，方文礼(2003)概述了任务型教学法的特征与意义，着重介绍了任务设计的 3 种模式，即结构型、交际型和中间型，从心理学角度和认知层面探讨了任务型教学法实施的可能性，并结合教学实践探讨了任务型教学法在具体运用时应注意的问题，最后指出任务型教学法的实施应该有步骤有计划地展开；岳守国(2002)介绍了任务型教学法的理论依据与学习依据，从任务目标、任务类型与教材 3 个方面探讨了如何设计任务，并从学习者的角色和教师的角色两个方面讨论了任务型教学法的具体运用。在实践层面上，国内诸多学者从听、说、读、写等方面对任务型教学法在大学英语教学中的具体运用展开了比较全面深入的探讨和研究，如任务教学法与视听说教学的研究(邓杰 等，2007；姬晓媛 等，2004；杜晔，2005；李伟加 等，2006；谭晓晨 等，2007)；任务教学法在写作教学中的运用(阮周林，2001；刘东虹，2005；朱玉山，2007)及任务教学法在阅读教学中的运用(黄燕，2004)，等等。

2.3 任务型教学法与学生能力培养研究综述

国内诸多学者在探讨任务型教学法在听、说、读、写课堂的实际运用的同时，也从不同的角度对任务型教学法与学生能力培养之间的关系进行了阐述。如夏纪梅等(1998)首先提出在大学英语教学中实施任务型语言教学，帮助学生走出课堂小天地，把社会引入课堂，把课堂延伸到社会，帮助学生学会发展生存能力和工作能力；洪明(2010)分析了任务型教学法在有效进行商务沟通能力的培养方面所起的作用；黄雪岚(2012)试图从翻译教学的教学大纲和任务型教学法的理论基础等方面探讨分析如何在应用任务型教学法的过程中提升学生的翻译能力；柳青峰等(2013)在任务型和项目式教学法基础上，结合实际教学过程，对任务驱动下如何培养学习者自主学习能力进行了深入研究，路茜(2016)

探讨了在大学英语课程中如何利用任务型教学法来培养大学生的自主学习能力，并通过具体案例阐释了任务型教学法在培养学生自主学习能力方面的优势；郑文君(2017)认为任务型教学法虽源自交际教学法，却跳脱了交际的局限，能够锻炼学生独立思考和整合加工信息的能力；李娟(2018)则认为将任务型教学方法应用到商务英语教学过程中，不仅能够有效调动学生学习英语的积极性，而且更能将商务英语的实用性充分地展现出来，最终为培养学生的跨文化交流能力打下坚实的基础。

通过对国内外文献的梳理，我们可以清楚地看到关于任务型教学法的研究在数量上有不断上升的趋势，研究的理论视角相对比较多元，如很多学者将语用学、心理学、心理认知学、测试学等学科理论融入任务型教学研究中，拓展了研究的视角和范围，这在一定程度上体现出任务型教学法对外语教学的指导意义，也为笔者在课堂教学中应用任务型教学法，尤其是将任务型教学法和学生能力发展与培养有机结合提供了理论参考。

3　任务型教学法在《新大学英语综合教程：辨思篇/卓越篇》中的应用

本学年完整使用了《新大学英语综合教程：辨思篇/卓越篇》。在教学的过程中，笔者结合不同单元的主题，适当通过任务型教学法在课堂上的使用，将学生的语言学习和其认知能力、公众演讲能力、跨文化交际能力和批判性思维能力的培养和发展等多方面有机结合在一起，不仅大大增强了课堂的趣味性，而且通过大量真实性任务或教学性任务的设计和采用，在一定程度上帮助学生走出课堂，提升了其对社会的了解和未来在社会立足生存的能力，这些都是传统语言教学所不能企及的。部分能力培养在上述文献中有所涉及，笔者主要结合具体的教学案例进行比较详细的介绍和阐述，供教学一线的老师在课堂教学过程中借鉴。

需要说明的是，笔者在真正实施任务型教学法的过程中，没有拘泥于文献综述中所提出的某一种关于任务的分类类型来进行任务的选取和布置。如上述文献综述中所说，学者们对任务的分类虽然不同，但并不互相矛盾，只是从不同的侧面对任务进行了描述，从不同的角度对任务的特点进行了阐释。在真实的课堂教学过程中，不管采用什么教材，教师实际采用的任务类型都并非只有上述任务类型中的一种，而是根据各种具体的因素，如话题的难易程度，学生的实际水平，完成任务所需要的时间长短等，将各种任务类型有机地融合在一起。笔者的任务型教学主要是强势任务型教学，即融语言学习和具体任务的实施于一体，是结合不同的文章主题、难易程度抑或不同专业学生的特点，选择合适的、能满足学生需求、能让他们真正实践"做中学"的任务，如真实性任务和教学性任务的融合，解决问题式任务和交换意见式任务相结合等，不孤立地采用一种。现结合几个典型的单元主题教学，简要阐述任务型教学法在学生能力培养过程中的应用和起到的重要作用。

3.1 采用"任务型教学法"培养学生对自我的认知能力和公众演讲能力

任务型教学法旨在把语言教学真实化和课堂社会化，让学生真正在"做中学"。在这个学习的过程中，很重要的一点就是认知能力、公众演讲能力的培养和发展。其中，认知能力的发展内容广泛，笔者在这里讨论的是学生对自我的认知能力的培养。这一点在《新大学英语综合教程：卓越篇》第一单元"发现自我"(Rediscovering Yourself)的任务型教学中得到了真实的体现。

第一单元教学主要是真实性任务在具体课堂教学中的实践和运用。武汉英中国际班在招收学生的过程中有一个环节是面试，面试的内容之一是命题演讲，即"*This is the Special Me*"，这和本单元的主题不谋而合。因此，在本单元的教学过程中，在和学生共同商讨的前提下，笔者组织了一次从小组内演讲选拔到课堂内展示的大型演讲比赛任务。课堂教学的具体过程大致遵从了上述讨论中提到的课堂导入、参与任务、学习新知、操练运用等环节。任务教学的具体过程如下。

(1) 任务前准备。任务前准备主要是从任务型教学法的动机原理出发，采用激励策略，鼓励大家发现自身和同学的优点，为演讲提供素材。

中国学生一般都比较谦虚，似乎很难看到自身的优点，而习惯找出自己的不足和缺点。因此，在布置任务之前笔者组织学生在课堂上玩了一个同学相互鼓励、相互赞美的游戏"叫好杯"(Snap Cup)，让学生重新审视自己。和学生一起观看一些知名演讲视频，归纳在公众演讲过程中要注意的地方，如对声音的控制、身体语言的使用、和观众眼神的交流、音频视频等工具的有效使用等。同时也和学生一起探讨 PPT 的使用在演讲过程中的作用，让学生认识到精心准备的过程也是一个重新认识自我，发现自我的过程；漂亮的 PPT 能在很大程度上增强演讲的趣味性和互动性，PPT 上言简意赅的文字也能在学生演讲过程中起到某种提示作用，避免忘词的尴尬，提升交际活动的效果，让演讲的目的真正得以实现。

(2) 任务实施。任务实施环节主要凸显任务型教学法的反应原则和交际原则。反应原则即强调学生将语言技能和工作能力相结合，使参与本次主题演讲对后期的工作和学习生活中遇到其他类似的活动起到促进作用；而交际原则则凸显演讲者和听众间的积极互动，包括演讲前小组组员关于演讲内容和呈现方式的讨论，演讲过程中的眼神交流，及演讲结束后的点评等。

任务实施大致分为两个阶段，首先是小组内的选拔。要求演讲者在教室的讲台上完成演讲，模拟比较真实的演讲场合，而不是随意地在宿舍完成，并尽量做到借助PPT进行脱稿演讲，而其他学生认真倾听同学的演讲，并适当点评。点评的目的是真正促进有效交流，让演讲者做到“有对象地说”，小组其他成员“有目的地听”。适当点评不仅可以培养学生学会倾听的能力，也对学生在短时间内对听到的内容进行概括能力的培养，对语言表达、思维反应、说话方式等都有一定的要求。小组内选拔的演讲和点评过程全部都要录像，提交给老师做点评，发挥老师的引导作用。由此可以看出，为某一种能力培养所展开的任务型教学对其他相关能力的培养也有非常积极的推动和促进作用。

第二个阶段是小组胜出的学生在全班进行展示，每个组选一到两个学生，在演讲结束后同样要求听众做适当点评，促进双方的有效沟通和交际，也真正体现了任务型教学法的特点，即不仅仅局限于语言的实践，而是以“任务为本”的学习，让学生在“做中学”，在完成任务的过程中发展认知潜力，有明确目的地生成、转换、应用语言知识和交际知识以及相关技能的潜力，是语言学习系统和交际系统的有机结合。

(3) 任务后反思。任务型教学法不再以教师为中心，但在整个任务实施的过程中教师却发挥着非常重要的作用，很重要的一点是在任务完成后的反思中，教师要扮演好任务的总结示范者的角色。学生完成老师发布的任务的过程就是不断学习的过程，但完成任务后老师对具体的语言知识等进行归纳总结无疑会起到画龙点睛的作用，从而从根本上提升学生的语言能力和在具体语境下运用语言的语用能力，将学习效果最大化。因此，在本次任务后的反思基本分两步走，一是老师针对大家的演讲做一个整体评价，以肯定大家演讲中的优点为主，适当总结演讲中做得不足的地方，以培养学生自信、大方的性格，为未来四年的大学生活打下一定的基础。二是在培养学生自我认知能力、提升学生自信的基础上适当进行延伸和拓展，大力强调“文化自信”的重要性，并和四级考试中关于中国文化内容相关的翻译题型联系起来，强调翻译在“中国文化走出去”的过程中所扮演的重要角色。

有点意外的是，在这个演讲任务实施的过程中一些平时在课堂上似乎比较被动、不善表达、胆小不自信的学生也获得了成长。在和他们的沟通中得知，因为在实施任务的过程中他们得以有机会好好审视自己，去发现自己和别人不一样的地方，同时也在真正的交际活动中得知身边同学眼中“不一样的我”，从而大大提升了对自我的认知。为很好地完成演讲任务，他们会抽时间去学习优秀的视频演讲资源，各种能力在无意识中不断得到锻炼和提升。这应该就是在交际环境中自然习得语言的过程,是一个动态的学习过程,“让学生在实践中感悟它是怎么被学到的”(how is it to be learnt),这远比老师在课堂上灌输自信的重要性和如何做一个优秀的演讲者的填鸭式教学要有效得多。从下面几个学生的反馈中我们可以感知本次任务型教学所取得的一定的成效,也增强了笔者在后期展开任务型教学的信心。

学生1:这是我第一次在台上进行演讲,听到老师安排本次演讲心里非常忐忑,觉得自己并没有什么特别之处,而且又没有演讲的经历,好像是无法完成的任务。但从两个星期的准备、小组选拔到课堂展示一路走来,收获很多,不仅学会了很多关于个性特点、兴趣爱好等的表达,也知道了关于做好演讲的一些要领,我完全没有想到最后我会被选上到班级进行演讲,我相信以后有演讲之类的活动我不会再排斥了。

学生2:我认为自己的语言表达基础还是很不错的,所以演讲对我而言应该不难。但小组视频提交给老师后,老师的反馈让我有点意外,但又深受启发,主要是演讲的一些技巧方面:如沉醉在自己的演讲中,语速过快,没有顾及听众的接受水平;因为兴奋,手势过多反倒弄巧成拙;演讲过程不完整,没有开场问候等。如果不是真正的演讲,可能我永远都不会知道这些问题的存在,这样的教学方式还是挺有意义的。

学生3:我对自己的演讲稿非常熟,所以小组演讲时基本是一气呵成。但老师的反馈中说我因为太熟悉内容,所以有比较明显的背诵的痕迹,不像是对听众说话,缺乏和听众的交流。我重新看了一遍视频,确实如此。因此,在全班进行展示的时候我根据老师的建议进行了调整,而且增加了一些手势,效果非常好。这比我平时只听名人演讲,而不亲自实践的效果要好多了,希望老师以后经常能开展这样的活动。

3.2 采用“任务型”教学法培养学生跨文化交际能力

语言是人类最重要的交际工具,人们借助语言保存和传递人类文明的成果。各个民族都有自己的语言,它与文化有着密不可分的关系,是部分与整体的关系,语言是文化的载体和流传媒介,是文化的外在表现,而文化又借助于语言这种媒介得以传播与发展。不同种族的人们有着自身不同的语言表达方式,同时也折射出不同的语言特点。由于人们处于不同的文化背景之下,因此在跨文化交际上会因为语言文化的差异而产生不必要的误解或理解上的偏差,而最终影响交际的效果。鉴于此,在大学外语课堂教学中对学生进行跨文化交际方面的引导就显得非常必要,教师们可以通过各种不同类型的任务的设计和完成对学生进行跨文化交际能力的培养和提高。

《新大学英语综合教程:辨思篇》中第一单元的主题是“Generations”,通过三篇课文从不同角度介绍了中国不同时代不同年龄层次的人的特点，如“70后”“80后”“90后”等。在对三篇课文的框架结构、主要内容和语言点等进行总体学习后，笔者布置了一项采访的任务。具体内容和要求如下。

(1) 以小组为单位，采访校园内或校园外外籍留学生或外籍友人，了解他们眼中的中国年轻一代具有哪些典型的特点？与其本国的同龄人相比，又具有哪些相同点和不同点？

(2) 要求拍摄采访视频，真实再现采访现场，以帮助老师了解具体的过程，方便老师给学生恰当的反馈和建议，给后期完成任务后的同学进行反思提供依据和参考。

(3) 课堂上以小组为单位，结合采访视频和PPT进行展示，描述采访过程，包括问题的提出、采访过程中遇到的问题和困难、解决的方法和途径等。

(4) 结合每个小组的采访和展示，老师和学生一起探讨一些有共性的问题、导致采访不顺畅的原因、不同文化背景下的交流可能导致的问题等。

因此本次任务是有目标的交际活动，不是仅仅靠教材和书本练习就能完成，而是让课堂社会化，让他们设法用所学到的语言知识解决实际问题，从而能学会处理人与人之间因为各种原因存在的信息差、观点差和推理差(Gray，1990)。在学习的过程中可能会碰到各种意想不到的情况，因此学习是一个完全动态的过程。

我们不难看出，这个采访任务不是单纯的、具体的任务，而是多种形式、多种任务类型的融合：不同的组员采访的外籍学生不同，他们观点的不同也导致了组员之间的信息差问题，为了完成小组内采访就存在一个信息差任务；而外籍留学生“仁者见仁，智者见智”，他们中有的人对我们不同时代的中国人的看法难免有失偏颇，因此在观点的选择甄别过程中学生要进行商讨，最后决定采纳什么观点，这是交换意见式任务、解决问题式任务和做决定式任务等多重任务的融合。学生交际能力的真正提高与学生在语言学习过程中的投入、参与和运用的量度(Foley，1991)息息相关。因此，这次任务有一定的难度，体现了任务型教学法中的复杂性原则，即任务要包含处理信息所需要的知识和技能，包括理解、分析、综合、评价、反应、协商、争论等。在这个过程中，学生的跨文化交际能力的培养是在真正实际的交际环境中完成的，这无疑对学生的语言知识和能力、交际知识和能力都是极大的考验。

这次任务强调通过课堂让学生去完成真实的学习和生活任务，培养学生用英语做事的能力，真正提高了学生运用英语的能力。这个任务学生们都完成得非常好，在采访的过程中、视频内容剪辑的过程中、上课的演示和分享中都收获了很多。小组展示的时候，虽然时间比较紧张，但笔者还是尽量对每一个小组的活动进行了反馈，指出其亮点和主要存在的问题，以便他们在课后有充分的时间去总结和反思，让展示真正起到帮助他们成长的作用。这样学生在后期的活动中也可以扬长避短，或者取长补短。此外，很重要的收获还有：基于学生的采访和展示，汇总外籍留学生或外籍友人眼中不同时代的中国人的特点以及与国外同龄人的差异；探讨采访过程中碰到因为不同文化背景而导致的交际失败、尴尬等情形该如何处理，如被采访人直言不讳指出现代中国年轻人的缺点和不足，该如何反应；被采访人因为文化差异，对不同时代的中国人的看法有偏差，甚至有歧视，该如何处理；诸如此类的问题通过视频再现、学生展示等都一一进行了梳理和反馈。因此，任务型教学法的引入不仅是对学生语言表达能力方面的锤炼和提升，更是实践跨文化交际能力培养的有效途径。现略举两个采访案例进行说明。

案例 1：采访过程中有个别国外友人不愿意透露自己的隐私，所以不同意录像，在这种时候该怎么办？是不停劝说还是退而求其次，只录音频？有的小组很灵活，只录制了音频，虽有些遗憾，但不影响观点的提取。但有的小组处理问题方法欠妥，多次劝说无果后悻悻离开，双方都不愉快。在课堂分享时笔者结合两组不同的处理方式和采访效果与同学们一起探讨了这种跨文化交际过程中对于敏感问题的处理方式。

案例 2：有的外国留学生对中国的年轻人缺乏全面的、客观公正的评价，一味地认为“80 后”和“90 后”的学生没有危机意识，学习上比较懈怠，沉迷于游戏、手机，生活态度不够积极阳光等。碰到这种情况，我们该如何处理？性格比较冲动的学生在为自己的同龄人申辩的同时，难免急躁，容易出言不逊或不太礼貌。这种比较尴尬的境况无疑也是课堂上师生要进行交流反馈和重点探讨的。

3.3 采用“任务型教学法”培养学生的批判性思维

语言教学课堂对学生的参与有很高的要求，所以如果能真正地调动学生自己的积极性，他们的参与会更自主、更有效，也能更高效地完成教学任务，所以在教材的使用上老师应该根据不同的单元采用不同的教学方法，在不断促进学生参与到课堂讨论的同时，根据不同的情况因材施教，培养学生的批判性思维。

笔者在教授《新大学英语综合教程：卓越篇》第五单元教材内容“Promoting Honesty”中 *Why We Lie* 这篇课文时，尝试着让学生体验了一次当“小老师”，让他们自己讲解和评述课文的主要内容和观点。因为这篇文章的主要内容就是针对“honesty”展开的几个实验，语言结构和表达都不太难，所以本单元采用了“任务型教学法”，旨在培养学生的批判性思维能力。具体做法和步骤如下。

(1) 分小组：尽量根据学生的英语水平进行强弱搭配，使每个小组水平相当，便于讨论。

（2）任务分配：每个小组负责一个关于 honesty 的实验，要求找出这个实验的研究设计，即研究问题、研究方法、研究结果和研究结论等方面的信息。

（3）任务汇报：每个小组成员负责其中一个小任务，并在课堂进行反馈。小组活动时集体讨论，但汇报时尽量要求学生独立完成，每个学生分担任务的一部分。

（4）发表观点：汇报完教材上的内容后，要求每个小组分享他们自己的观点，即关于 honesty 话题相关部分的讨论。

在本次任务型教学的过程中学生批判性思维能力的培养主要体现在以下几个方面。

（1）在 pre-reading 环节，以头脑风暴的形式，让学生分享 why we lie 的具体原因，并列举学习和生活中具体的例子进行简要说明，同时要回应其他同学提出的质疑或不同声音。

（2）在 while-reading 时要求每一个小组在总结出实验的结果和结论的基础上发表自己的见解，是否认同这个结论？如果认同，还有哪些具体的生活实例可以用来论证这些观点？

（3）不同的小组负责不同的实验，因此对 why we lie 也是从不同的角度进行解释的。在完成本小组的汇报后，要请完成不同实验的小组同学发表他们对于此项实验的看法，并进行评价。

（4）基于本项任务的完成，开展与 honesty 话题相关的讨论，如 honesty 是否和性别有关，如果有，是如何进行关联的？honesty 和人的性格特点是否有关系，什么样的人容易撒谎，等等。

从上述论述中我们可以清楚地看到，这项任务型教学绝非一种简单任务类型的实践，而是将多种任务类型，如信息差任务和解决问题式任务，动态任务和发表观点、意见等抽象型任务的融合；体现了任务型教学中的反应原则、交际原则和复杂性原则；是小组成员间、小组与小组间、学生与老师之间，源自社会生活的真实性任务教学；在完成任务的过程中需要调动语言表达能力、思辨能力、交际能力等，是一项复杂的交际活动。

这个活动很受学生欢迎，他们的参与意识非常强，几乎每个学生都能主动参与讨论，能真正感受到课堂是属于自己的，而不仅仅是老师和一些英语水平很高的学生的专属。因为有具体的任务要完成，学习的目的性和方向性很强，不会无所适从；每个学生都可以“参与”到相关实验的实施过程中，有强烈的参与感；再者任务要求学生们在阅读教材、对教材内容进行梳理和汇报的同时，必须陈述自己的观点，所以在很大程度上调动了学生思辨的积极性。有时小组成员之间持有不同观点，在尽量达成共识之前，有非常有意义的理论思辨的过程，而这些无疑大大促进了学生批判性思维能力的培养，或者至少为批判性思维能力的培养打下了一定的基础。

此外，批判性思维能力的培养也在一定程度上指导了学生后期进行专业文献研读，如什么是文献的研究问题，什么是研究方法，什么是研究结果，什么是研究结论等，尤其是有助于理解研究结果和研究结论之间的差异。在课堂的小组讨论中，很多小组不是特别清楚“结果”和“结论”的区别，因此笔者适时进行干预，参与到他们的讨论中，引导他们找到实验的结果和结论。老师扮演的不仅是任务的发布者，也是一个参与者，一个促进活动任务完成的协助者，而不是一个旁观者。因此，教师不仅要在陈述任务的过程中扮演好引导者的角色，培养学生参与的积极性，让所有的学生都有参与任务、完成任务的欲望，在学习者承担任务时也不应“冷眼旁观”，而应当以迫切的心情投入其中进行指导和帮扶，以便使学生顺利地完成任务，因此可以说教师可以影响到课堂教学的方方面面(Ehrman et al.，1998；Wright，1997)，在任务型教学的整个过程都起着非常重要的作用。

4 结语

任务型教学法在大学英语课堂教学中具有很强的实践性和可操作性，不管是静态的任务、动态的任务，还是抽象型任务，抑或信息差任务、做决定式任务、解决问题式任务和拼版式任务等不同类型的任务，都能在听、说、读、写、译的教学环节中得以发挥重要的作用，不仅能进一步丰富课堂教学内容，更能在很大程度上调动学生学习的积极性，培养学生多方面的能力，从而大大提升教学效果。此外，教师在任务实施的整个过程都扮演着非常重要的角色，如选择者，教师的中心角色就是选择、改写并创造种类不同的任务，然后使之排列成教学序列，以满足学习者的需要、兴趣以及语言水平(Richards，2001)。同时，教师还应确保任务是由易到难，而且话题要多变，因为主题范围越丰富，越容易激发学习者的兴趣，从而达成预期的效益，大大提升学习的效果。在《新大学英语综合教程：辨思篇/卓越篇》一年的教学中，笔者根据不同单元主题和教材内容安排，将任务型教学法充分融入课堂，受到了学生的欢迎和肯定。但此教学法也有自身的不足和有待改进的地方，如课堂教学中的任务基本以小组为单位，这给评估带来了一定的困难，如何科学有效地对学生个体进行评估值得思考；不同专业的学生其学术背景不同，语言水平参差不齐，不同专业班级在执行同一个任务时该如何调整和平衡；如何预测不同类型的任务实施过程中潜在的困难和问题，以便提前做好准备以促进任务的顺利完成等。笔者将在未来的教学中进一步思考这些问题，以便更好地将任务型教学法引入课堂，以积极有效地促进和改善教学服务。

本章参考文献

[1] BACHMAN L F. Some reflections on task-based language performance assessment[J]. Language Testing,2002(19):453-476.

[2] BROWN H D. Principle of language learning and teaching[M]. 3rd edition. NJ:Prentice Hall Regents,1994.

[3] EHRMAN M,DORNYEI Z. Interpersonal dynamics in second language education:The visible and invisible classroom[M]. Thousand Oaks,CA:Sage,1998.

[4] ELLIS R. Task-based language and teaching[M]. Oxford: Oxford University Press,2003.

[5] FOLEY J. A psycholinguistic framework for task-based approaches to language teaching[J]. Applied Linguistics,1991(12):62-76.

[6] GLENN F. Testing second language speaking[M]. Harlow: Pearson Longman,2003.

[7] GRAY K. Syllabus design for the general class:What happens to theory when you apply it? [J]. ELT Journal,1990(44):261-269.

[8] LEE C. Language output,communication strategies and communicative tasks[M]. New York:University Press of America,2004.

[9] NUNAN D. Designing tasks for the communicative classroom[M]. Cambridge:Cambridge University Press,1989.

[10] NUNAN D. Task-based language teaching[M]. Cambridge:Cambridge University Press,2004.

[11] PICA T, KANAGY R, FALODUN J. Choosing and using communicative tasks for second language Instruction[M]// CROOKES G, GASS S. Tasks and language learning: Integrating theory and practice. Clevedon:Multilingual Matters,1993.

[12] RICHARDS J. The language teaching matrix[M]. Cambridge: Cambridge University Press,1994.

[13] RICHARDS J C. Approaches and methods in language teaching[M]. Cambridge:Cambridge University Press,2001.

[14] ROBINSON P. Task complexity,task difficulty and task production: Exploring interactions in a componential framework[J]. Applied Linguistics,2001(22):99-140.

[15] SKEHAN P. A framework for the implementation of task-based instruction[J]. Applied Linguistics,1996,17(1):38-62.

[16] SKEHAN P. A cognitive approach to language learning[M]. Oxford: Oxford University Press,1998.

[17] STEVICK E W. Memory, meaning and method: A view of language teaching[M]. Boston,MA:Heinle & Heinle,1996.

[18] WELLS G. Language development in the pre-school years [M]. Cambridge:Cambridge University Press,1985.

[19] WILLIS J. A framework for task-based learning[M]. London: Addison Wesley Longman,1996.

[20] WRIGHT T. The role of teachers and learners[M]. Oxford: Oxford University Press,1997.

[21] 邓杰,邓颖玲.网络环境下英语视听说任务型教学研究——英语视听说国家精品课程建设例析[J].外语教学,2007(5):45-49.

[22] 杜晔.如何在任务式口语教学中合理运用冗余现象[J].国外外语教学,2005(3):49-53.

[23] 方文礼.外语任务型教学法纵横谈[J].外语与外语教学,2003(9):17-20.

[24] 洪明.任务型教学法与有效商务沟通能力的培养[J].文史博览(理论),2010(1):73-74.

[25] 黄雪岚.任务型教学法在翻译教学中的可行性探究[J].成都航空职业技术学院学报,2012(4):29-31.

[26] 黄燕.检验"投入量假设"的实证研究——阅读任务对中国学生词汇记忆的影响[J].现代外语,2004(4):386-394.

[27] 姬晓媛,史小妹.任务教学法与多媒体听说教学[J].外语电化教学,2004(3):6-9.

[28] 李娟.任务型教学法在商务英语跨文化交际能力培养中的应用[J].文化创新比较研究,2018(2):177,179.

[29] 李伟加,陈纪梁.大学生任务型口语行为初探[J].外语与外语教学,2006(6):41-43.

[30] 柳青峰,陈安平,魏鑫.任务驱动下的自主学习能力培养[J].高等教育研究学报,2013(3):76-79.

[31] 路茜.非英语专业大学生英语自主学习能力培养探究——任务型教学法在大学英语课堂中的应用[J].科教导刊(中旬刊),2016(11):123-124.

[32] 刘东虹.大学生英语写作中评判性思维能力研究[J].外语教学,2005(2):46-51.

[33]　阮周林.任务前期准备对 EFL 写作的影响——明示教学与隐含教学的比较研究[J].外语与外语教学,2001(4):24-27.

[34]　谭晓晨,董荣月.任务类型和语言水平对英语专业学生口语准确性和复杂性的影响[J].解放军外国语学院学报,2007(5):54-58.

[35]　夏纪梅,孔宪辉."难题教学法"与"任务教学法"的理论依据及其模式比较[J].外语界,1998(4):34-40.

[36]　岳守国.任务语言教学法:概要、理据及运用[J].外语教学与研究,2002(5):364-367.

[37]　郑文君.浅析任务型教学法对学生独立思考能力的培养[J].兰州教育学院学报,2017(1):134-135.

[38]　朱玉山.隐性语法教学视角下的大学英语写作型任务设计[J].外语与外语教学,2007(9):50-52.

第九章　基于大学英语项目式作业的反思

大学新生面临全新的环境，需要一个过渡适应期。大学英语改革至今，学分骤减，其课程学习时间缩短为一个学年。如何帮助大一学生顺利转型并切实提高英语应用能力，这样的问题值得从不同角度展开探讨。同时，英语学习经历，包括学习方法、实践等，无疑影响了学习者现在和将来的学习效果。基于项目的学习(Project-Based Learning，PBL)以建构主义学习理论为基础，涉及不同视角下的知识建构，并与特定语境中学习的自我意识有联系(Duffy et al.，1996)。Bell(2010)指出，PBL这种创新学习方式是21世纪获得成功的关键。PBL可成为学习能力可持续发展的一条路径，并有助于实践社区的建设(Ayas et al.，2001)。Stoller(2006)也发现项目式教学对语言和项目技能以及非语言技能的习得皆有促进作用。为解决教学中学生积极性不高的突出问题，也为了促进学生在英语学习上的可持续发展，笔者在教授大一下学期期间尝试采用项目式作业，以学生为中心，让学生在"做中学"并充分体验学习过程。笔者通过反思教学活动和案例分析，探讨了项目式学习在英语学习与专业结合、语言综合运用能力、同伴效应方面的影响和作用。

1　基于项目的学习研究综述

1.1　PBL内涵

Adderley (1975:1)对"PBL"下的定义为:①项目包含由学生自己提出的解决问题之道;②项目需要单个学生或小组的主动性和各种教育活动;③项目通常产出最终成果，如论文、报告、设计方案、计算机程序和模型;④活动持续一段时间;⑤教师在活动开始、实施过程和结尾中均扮演着咨询者而非独裁者的角色。其中①和③是核心，即问题用于组织和驱动项目活动，这些项目活动以产生出解决问题的最终成果而结束(Blumenfeld et al.，1991)。这一学习模式的理论支持为建构主义学习理论以及社会文化理论的互动论。前者认为学习者积极自主地重组知识系统,后者主张学习在社会互动中发生。项目学习模式为语言学习者创造了完成真实任务的环境。在这环境里,语言成为获取信息的工具,信息则成为语言学习的资源。这样,学习者才能掌握分析信息的认知能力、语言运用能力,以及协作解决问题的能力。Steinberg(1998)认为项目式学习活动设计应注重其真实性、严谨性、实用性、探究性,以及项目与现实世界的关联和评估方式。Grant(2002)则提出,项目式学习的关键要素包括项目引入、学习任务界定、探究步骤、资源、协作、脚手架和反思。可以看出,项目学习模式的显著特征即是"以学习者为中心"、创建有意义的语境、打造实践共同体,以及运用多种工具和资源。

Morgan(1983)提出三种项目工作模式(即项目类型)。第一种模式是项目练习(project exercise),常在英国高等教育中使用,也最为教师和课程开发者所熟知。它是专业学位课程的一部分,旨在使学生能够运用专业领域知识和方法,属于传统的项目式学习。学生相当于实习研究人员,可以自主选择主题来学习,但主题通常来自教师自己的研究。此类项目在科学学科领域较常见。通常,学生被要求独立完成毕业项目,而学院则以此来评价其潜在的学术能力。

第二种模式是项目组成成分(project component)。此类项目并不直接与某一学科相关,而着重在跨学科性质上,以及与真实世界议题的联系。它设立了更宽泛的目标,即发展学生的解决问题和独立工作的能力,这也是更广泛的高等教育目标之一。该模式作为职业导向的项目课程的组成成分,通常包含在学位课程里,学生在修读传统授课的课程的同时也修读此课程。学生拥有更多自由来选择学习主题。这些主题通常来自真实世界,教师也会组织一些让学生感觉到与他们自己相关的项目活动。

第三种模式是项目导向(project orientation)。它实际上是20世纪70年代欧洲新兴大学的课程理念(Cornwall et al.,1977)。此类项目与第二种项目有些相似,如跨学科性质、基于真实世界的议题学习。不同之处在于,学习材料由项目主题的要求来决定。学生通过理解理论和方法来完成项目。丹麦、德国和美国一些实验性大学的基础课程采用此种项目模式。而这些大学与高等教育改革有着重大关系。该模式不仅被认为是一种让学生脱离象牙塔的方式,还是让科学在政治环境中呈现的一种方式。此种项目模式能激发学生强烈的内在动机,类似于Percy和Ramsden(1980)的"独立学习"。第一种模式是典型的"以教师中心"的项目教学法的一部分。其他两种模式更倾向于"以学生为中心"(Helle,2006)。

1.2 国外 PBL 研究

PBL 旨在整体上建构学习者“全人”模式(Tamim et al.,2013)。Wolk (1994)认为这是每位学生体验成功的途径,因为它能培育学生的内在学习动机,发展一系列能力和技巧。学生能通过各种活动在不同领域获取知识和技能,并发展其性情及自尊和自信(Katz et al.,1992)。M. Neo 和 T. K. Neo (2009)认为学生的兴趣、批判性思维、展示技能、交流技能和团队合作能力都能在 PBL 活动中得到提高。Hernandez-Ramos 和 De La Paz (2009)提出学生通过 PBL 更愿意在展示中合作学习,对其学习过程也持更积极的态度。

PBL 也是一种教学模式,教师使用 PBL 的最大原因是增强其教学能力,令学习更加个性化、多样化、更有效(Ravitz,2008)。有助于生生互动的教学设计能通过学生积极参与而使其学习效果达到最大化,同时也能培养学生各种社会能力(Lee et al.,2012),但同时对教师而言是一大挑战(Blumenfeld et al., 1994; Kolodner et al.,2003; Mitchell et al.,2009)。教师需要采取新的教学方法、大纲、话题,管理设计和评估 PBL 活动,精心安排并协调多方资源、信息来源和学习环境,并掌握计划、监督、支持、调节和解决问题的策略(Thomas et al.,2000)。因此,教师应扮演项目经理的角色,监督和组织活动(Tamim et al.,2013)。

基于项目的小组学习能激活学生之间的互动。学生通过社会互动来提高知识构建(Von Kotze et al.,2000),并能获得团队协作(如沟通、领导力、合作、人际关系)、批判性推理、创新型思考、责任和交流等能力(Moursund,1999)。但现有文献却鲜少提及该学习方式如何促进学生间的互动。此类基于小组的学习也有弊端,如“磨洋工现象”(Karau et al.,1993),这不能保证教室里有效互动的发生,教师也疲于给予学生及时的反馈。

由此,如何促进项目式学习中的学生互动成为新的研究焦点。Ertmer 等(2010)发现同伴互评可以监督小组内的动态,有效督促学生参与小组的学习并监督整个过程,也能减少教师的工作量,但教师们认为同伴互评缺少信度。不过,也有研究发现同伴互评与教师评价同样有效(Falchikov et al.,2000; Wever et al.,2011)。同伴互评还能激励学生勇担责任(Liu et al.,2002)、反思自己的学习、对比自己与他人的成就,以及提高其元认知水平(Topping et al.,2000)。

针对项目式学习模式,Thomas(2000)提出五类评价标准:项目应是课程的中心、以问题来驱动学生自主学习、学生参与建构探究的活动中、以学生为导向、真实可行。这就要求教师掌握评估学生在 PBL 中的成就的技能。这意味着教师应建立学生档案、组织全班讨论、制定评估准则,并能有效评判学生的项目成果、日志、周记以及自我评价(Barron et al.,1998)。形成性评估也是其中之一(Barron et al.,1998)。教师还应能评价个人作业和小组作业(Kolodner et al.,2003)。其评估工作以个人和小组活动、具体的成果、认知和元认知技能、学习和社会技能为目标。

在其他实证研究中,Frank 和 Barzilai(2004)利用定性和定量数据分析发现PBL 中的形成性评估能为学生减轻焦虑,能在监控过程中指导学生并助其识别和解决问题。Saide 和 Fikret(2014)采用准实验设计方法,分析 PBL 对修读科学课程的四年级学生的学习成绩、态度和知识保存的影响。Lam 等(2010)研究了学校支持与教师开展 PBL 教学的动机和意愿之间的关系,发现社会语境因素对于教师实施教育创新的动机起到重要作用。虽然项目式学习与传统教学模式有着明显的优势,但其在二语/外语教育方面的实证研究仍然十分匮乏(Beckett et al.,2006)。

1.3　国内 PBL 研究

纵观国外项目学习研究的历史,20 世纪 70 年代中期是其在外语教学领域的萌芽阶段,随后针对 PBL 教学和研究成果不断增多,逐渐确立其在应用语言学学科的一席之地,时至今日,PBL 已然成为前沿课题(张文忠,2015)。反观国内的相关研究起步较晚,但苏州大学研究团队(Gu,2002;顾佩娅,2007)和南开大学研究团队(张文忠,2010,2015)极大地推动了项目式研究的本土化发展。苏州大学自 1997 年开始在英语专业和非英语专业本科生以及研究生中开展了一系列多媒体项目教学的改革实践,经历了探索、实践、发展三个阶段。其项目设计的基本原则始终围绕学生的专业、项目的真实性,以及现行课程教学和评估手段,从而开辟了一条"优化学习环境、培养具有综合语用能力的创新人才"新路径。但顾佩娅(2007)同时也指出,多媒体项目教学法受到评估体系、跨学科知识储备、技术支持等诸多因素的影响和制约,对所有参与方而言都是不小的考验,项目学习的本土化进程任重而道远。南开大学连续 6 年实施基于项目的教学实践,构建了"iPBL"(innovation-oriented Project-Based Learning)本土化教学模式。如图 9-1 所示,该模式的核心目标为培养创新能力,总原则是"课程项目化、项目课程化",其特色是"六阶段推进、阶段里程碑凸显、综合素质集成训练"。实验证明该模式能够促进英语专业学生的思辨和创新能力,盘活其已学语言知识和技能(张文忠,2015)。

项目式学习模式的实证研究涉及英语专业、翻译专业、非英语专业的被试学生群体,研究内容上包括项目学习模式对英语学习的影响因素研究。例如,王勃然(2013)探讨了项目学习模式对大学英语学习动机的影响因素。通过自

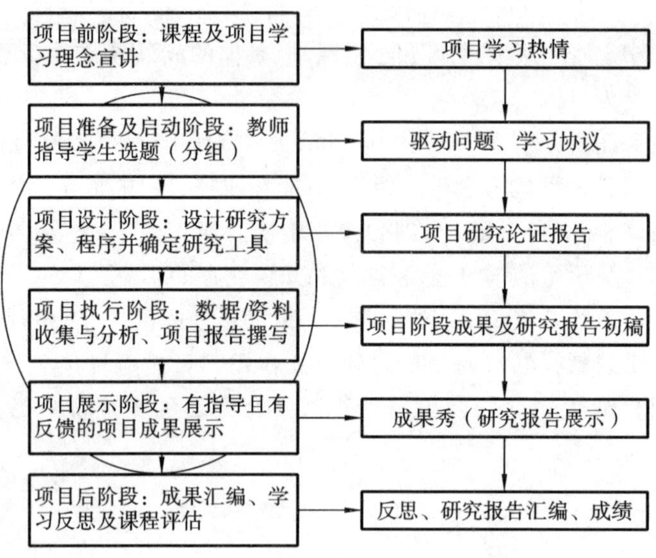

图 9-1　本土化依托项目教学模式

主设计开发的调查问卷、访谈和学生自我总结等多种数据，王勃然提出项目学习的九大特质可分为主要动机因素和次要动机因素（见表 9-1）。他认为这些因素影响着学生的自我效能、焦虑、目标等动机构念。王勃然（2013）建议教师在设计和实施项目学习活动中应突出主要动机因素而改善次要动机因素，这样学生的学习动机可以受到多次激发，其学习成就的体验也能够最大化。夏赛辉等（2017）利用问卷调查、课后访谈和课堂观察等量化和质性方法，调查了英语专业学生在小组项目中所付出的学习努力及其影响因素，结果发现学生在课堂内外的项目学习中始终投入了大量时间，只是在不同阶段和不同活动上的时间投入有些许差别，学生的心智努力水平始终很高并逐步增强。夏赛辉等（2017）认为，项目式学习模式中的师生角色定位、学习难易度、学习目标和学习者情感体验四种因素最能影响学生的努力程度，因此，他们建议应用项目式学习模式以便促使学生更努力学习，并有效监控其课后学习行为，但项目式学习对初次尝试的学生而言具有较大挑战性，教师应适当控制难度，提供必要的语言和内容帮助并给予及时的反馈，教师还应大力增加学生的积极情感体验，鼓励学生之间开展积极的互评。

表 9-1　项目学习模式的主要及次要动机因素

项目学习模式特质分类	
主要动机因素	次要动机因素
协作性	真实性

续表

项目学习模式特质分类	
自主性	反思性
累积性	交叉性
探究性	技术性
脚手架	

项目式学习模式在互联网环境中的应用研究逐步增多，但还相当匮乏。例如，杨东杰等(2014)采用案例分析法研究了基于 Wiki 的项目式学习，其研究对象是英国某大学修读语言课程的 32 位硕士研究生，他们将从事英语教学工作。学生在项目式学习中利用 Wiki 等 Web 2.0 网络技术设计语言教学活动，旨在帮助理解相应的语言教学理论，最终能将之应用到未来的教学工作中。杨东杰等(2014)发现 Wiki 与基于项目式的语言教学整合在一起是外语教学方法上的创新，这种教学方法可培养学生低阶思维能力并提升其高阶思维能力。与此同时，他们也发现部分小组成员的团队精神欠缺，活动参与不够积极；学生在协作完成项目过程中缺乏足够开放的心态，也不太遵守学术规范；教师如何投入足够精力、有效参与和评价学生的合作学习过程也是较大问题。李志河等(2017)利用文献计量法发现过去 10 年间基于网络环境下的项目式学习研究包括模式构建、评价体系、实例研究、教学系统设计、问题解决与策略五个方面，后三者的成果甚少。从事项目式学习研究的学者将近一半来自外国语学院，这说明该学习模式更易于受到英语学科的关注，学者们也勇于在教学改革中实践该模式。李志河等还发现，已有研究中，项目式学习的评价考核方式单一，多是师生互评，缺乏某领域专家的评价，这或许无助于学生的多元智能发展。

翻转课堂的项目式学习成为近年来的教学模式改革新热点。这将进一步探讨在新形式下如何激发学生学习的主观能动性和提高语言运用能力。徐艳梅等(2014)提出了基于电子学档的项目式翻转课堂教学方法，并在非英语专业新生中实施了此教学实验，历时一个学期。该实验采用深入访谈的定性数据和测试成绩的定量数据进行分析，得出的结论是：该方法较为显著地促进了教学效果。对访谈内容的再分析发现，该方法的有效性体现在：教学素材覆盖面广而且制作精良，学生课前学习深入、通透，学生积极充分地参与到课堂答疑环节，项目建设四步骤循序渐进且学以致用。董洪学等(2017)借鉴了国外翻译人才培养方案，以市场需求为导向，引入了职业翻译能力，构建了结合信息技术、翻转课堂、项目式学习等元素的 MTI 翻转课堂项目式教学模式。实验对象为某工科院校 MTI 英语笔译学生。通过定量分析法对调查问卷和翻译测试结果进行量化和相关性分析，实验结果表明该教学模式在课前自学、课堂互动学习、课后项目式学习、网络学习平台等方面具有明显优势，能提高学生的职业翻译能力，并帮助学生从翻译学习者转变为职业译者。

在文献梳理中笔者发现近年来国内外的实证研究方向基本一致，但数量不多。国内外研究均表明项目式学习模式对教师、学习者等参与者的动机、情感等方面有一定影响，对课程设置、教学内容、教学方式、评估体系等方面的影响或相互的关系还须做进一步探讨。

2 教学活动设计和实施

2018年上半年笔者教授了三个班，分别来自三个不同专业，下文以一班、二班、三班表示。为尽快了解新接手的三个班，学期初笔者收集了学生的学习需求，了解到多数学生希望提高口语能力。因此，在读写和听说课堂上如何增加学生的口头输出机会是笔者考虑的重点之一。同时，笔者发现各班级之间差异较大，学生的学习参与度也明显高低不同。针对三种品质的班级以及学生需求，笔者根据教学内容，设计了两个项目活动，以期调动学生参与热情，积极体验学习过程。一是"Job interview"，二是"Speech day"。第一个项目，根据各自专业的招聘广告，每个小组准备求职所需材料，包括招聘广告（如招聘单位介绍、招聘职位、要求等）、简历、面试准备（如面试问题及其回答、模拟面试等）。第二个项目，学生自选演讲主题，主题范围来自上外版《综合教程》第四册和《新视野大学英语视听说教程（第三版）》第四册这两套教材，学生还被要求提前写好演讲稿。根据 Stoller(2006)、Celce-Murcia(2006)、高艳(2010)等提出的项目学习实施过程，笔者根据教学情况将之简化为：制订计划、实施计划、展示项目成果、评价项目。

2.1 "我要求职"项目

该项目来源于上外版《综合教程》第四册第三单元的"求职面试"。上外版《综合教程》主要用于训练学生的读写能力。学习本单元时，学生需要了解求职之前的各种准备，掌握相关词汇、表达方式和相关文化背景知识。基于此，笔者在讲授这一单元之初，向学生布置了"我要求职"项目作业。其主要目的是帮助学生了解本专业就业情况、英语简历撰写和面试技能以及与英语求职有关的表达方式。这是一个小组项目，学生可自由组队。

项目要求如下：①学生从网络或其他媒介获取有关本专业的招聘广告；②小组头脑风暴——作为求职者如何准备面试；③准备内容及时间节点，如简历、招聘单位介绍、单位主管介绍、单位的产品或服务介绍、面试模拟问题及如何回答这些问题；④展示中至少需要两位小组成员做汇报；⑤项目作业评估，作为平时作业的一部分。

学生准备期间，必要之时，笔者提供一些有关如何面试、如何撰写简历的资料，帮助学生了解面试过程，以及口头展示中的语言和展示技能。另外，笔者教授三个专业班，因此，笔者也指导学生了解自己的专业学习内容、未来就业趋势、就业市场。学生方面，他们自行分工合作，查找资料、撰写简历、制作幻灯片、撰写讲话稿等。

学生准备完成后，将小组成果以幻灯片的形式在全班展示。小组完成展示后，笔者和全班同学针对项目要求和学习任务提问，然后展开同伴互评和教师点评。

2.2　"演讲日"项目

该项目的主题来自所学教材《综合教程》第四册和《视听说教程》第四册，包括"全球化""生活节奏""社会事件"，学生也可以选择"祝酒词演讲""告别演讲"等形式。

该项目要求：①学生撰写演讲稿，学习演讲稿的结构及其语言特征；②演讲时的副语言；③演讲时进行同伴互评和教师点评；④项目作业评估，作为平时作业的一部分。

学生准备期间，笔者提供必要的指导和帮助。例如，笔者组织学生观看一些经典演讲视频，然后讨论成功演讲的特点，以及自己如何准备演讲。学生准备完成后，在演讲日当天公开演讲，接受同伴互评和教师点评。

3　教学过程反思及分析

根据 Adderley (1975)对"PBL"的阐释，在"我要求职"项目中，由小组开展活动，其最终成果分别为演讲稿、系列文稿、幻灯片；在"演讲日"项目中，学生自选主题演讲，并由学生在演讲中提出解决问题之道。两个项目从设计、布置、学生准备、撰写文稿，到展示均持续近三周。教师在活动之初到结束始终扮演着咨询者和引导者的角色。根据 Morgan (1983)提出的三种项目工作模式，笔者尝试了第二种项目类型，即"项目组成成分"，着重于"以学生为中心"的教学实践。

在反思项目式教学中，笔者认为从所教授单元中提出一些具有现实意义的问题让学生去尝试解决，学生基本都能分别扮演不同的社会成员角色，实行分工协作，从而使学生在参与中体验积极的学习过程。笔者通过现场观察以及对学生互评、项目成果、QQ 群学生反馈的综合分析，也发现项目式学习能够在很大程度上调动学生的参与热情，大部分学生都能积极完成项目学习，其成果质量也是出乎笔者的意料。其缘由主要在于项目式学习中英语学习与专业的结合,以及学习过程中的同伴效应。这两点对于学生的语言综合运用能力有极大的促进作用。

笔者也对教学过程中的不足之处进行了反思。学生准备中出现的各类问题、学生口头展示中的语言问题、师生互动中的沟通问题、学生对学习效果的反馈等都是需要深入探讨的领域,这也为以后的项目式教学积累了经验。

3.1 英语学习与专业结合

项目实施过程中,笔者与学生沟通交流时了解到,各班学生对自己的专业发展、未来求职并未有清晰的认知,对自己的专业学习、专业发展、就业并没有可行的计划,学生感觉现阶段将英语学习与专业学习相结合有难度,但也认为长远来看是有益的。因此,"我要求职"项目的教学预案在笔者看来是有积极意义的。

《中国英语能力等级量表(2018)》提出语言能力总的要求是学生应能理解专业领域的语言材料。大一阶段,让学生在英语学习中了解本专业的基本就业情况,有利于将理工科大学生的学习特点纳入教学计划中,使英语教学内容在学生的专业发展和职业规划中学以致用。例如,一班的一组学生介绍了中国船舶工业总公司某研究所的招聘情况。其专业内容涉及电力推进系统、马达、开关装置、化学电源和化学材料。招聘职位的要求是:英语六级证书、博士学位、以第一作者身份发表的 SCI 论文、具备良好的团队精神和独立研究能力。这些要求对该班学生而言具有一定指导作用,学生根据这些要求可提前做好大学期间的学业和职业规划。再如,二班的一组学生介绍了美国一家国际律师事务所。该所擅长于企业合并、破产与重组。该公司在应聘者的语言、表达、交际等能力方面的要求,以及对性格、工作经验的考察有助于大一学生提早了解业务行为准则,以及加强自己在英语语言水平上的锤炼。又如,三班的一组学生介绍了西门子(中国)公司。在展示中,学生分享了西门子企业的发展历程,以及该企业在中国保持着良好积极的创新势头。该公司先进的医疗器械启发了学生们学习如何利用先进设备开展医疗事业。以专业为驱动的项目式学习将学习动机和学习行为更有效地结合起来,并搭建了英语学习与专业了解的桥梁。

3.2 同伴效应

两次项目学习实验结果再一次证实了众多学者的研究发现:项目式学习能激发学生的学习动机和积极性,也能促进学生之间的互动。同伴互动作为语言学习的重要途径,能促进二语产出自动化,使学习者更易于提取知识,并熟练运用(Philp et al. ,2014)。

项目实施中，小组内部和小组之间的互动起到了同伴效应的作用。学生同伴的互动和相互影响，尤其是同伴的榜样作用，能够鼓励小组成员甚至其他小组表现出自己的最佳状态来完成项目。例如，在“演讲日”项目中，同学互评中的同伴学习起到了示范作用。学生针对演讲稿结构及其语言特征、演讲时的副语言、演讲的整体水平等方面展开互评。这种同伴交流和学习能调动互评学生的积极性和责任感，激发其反省自己的学习成效，丰富其元认知体验。又如，二班同学在英语学习 QQ 群里发言：“小组展示特别精彩，鼓舞鼓舞！我们小组要加倍努力准备啦！”QQ 群等社交平台在同伴效应中的作用不容小觑，它能加强师生之间联系，方便学习交流，从而提高学生的学习积极性。项目准备中，教师引导学生之间互相反馈学习过程中的得与失，互相激励掌握所学知识，学生的学习动机得到加强，其参与热情持续高涨，能更好地运用自身创造力和批判能力。学生的个人沟通、团队合作、交际方面的能力也可以得到进一步发展。教师应在此过程中帮助学生理解自己的错误并予以纠正。根据师生、生生互动中的信息采取相应的策略来调整教学计划。

3.3 语言综合运用能力

在项目式学习任务中采用形成性评估体系，以督促学生积极参与课堂活动，同时让学生习得听、说、读、写、译等综合运用能力。例如在“演讲日”项目中，二班一学生以自己喜爱的军事话题“人民海军与中华复兴”做了一场精彩的演讲。他的幻灯片制作简洁有序，条理清晰。他首先介绍了“中华复兴”的内涵以及人民海军的发展历程，然后回答了“海军实力对中华复兴的意义何在”这一问题。除了引用了大量国内外的相关文献外，他的演讲还内容翔实、数据多样，极具表现力和说服力，其演讲风格赢得全班喝彩，并被大家评为“最佳演讲者”第一名。他的演讲充分体现了其运用语言及副语言的综合能力，为大家做出了表率。在“我要求职”项目中，一班和二班的一些小组增加了“模拟面试”环节。他们不仅根据自己的专业自行设计了面试问题，还通过角色扮演，学习了在面试这一特殊场景中如何运用得体的语言开展对话，进而提高自身语言综合运用的能力。

虽然学生在听、说、读、写、译等方面切实得到了训练，但从展示成果中可以看出，学生撰写的简历质量不高，有的太过简单，有的未掌握中、英文简历的差异。原因可能是大一学生的学习经历、学业成就和工作经验几乎还是空白，在完成项目中只能通过模仿等方式杜撰一二。项目式学习中的质量监控体系存在较大漏洞，对学习过程中的问题未及时发现导致成果展示效果不太理想。

另外，笔者还发现在项目完成过程中，学生并未有效利用图书馆和网络资源，所选材料的来源、信度、质量等也存在较大问题。例如，不注明公司网址和信息来源、更加关注中文网站、几乎不使用英文关键词搜索、信息和数据筛选能力有待提高等。因此,教师在项目开始之初应向学生介绍一些主要数据库,指导他们如何利用好学校图书馆资源。除此以外,教师还可要求学生撰写读书笔记和简要的综述。这样既可增加学生的语言输入量,还能提高学生分析数据的能力,最终提高成果汇报质量。

因此,在此学习模式中教师理应重新认知自己的角色,带领学生一起成为教学过程的观察者、研究者和评估者。教师应为每位学生建立档案袋,记录学生在项目式学习过程中的表现。教师还应加强学生的自我评估和策略能力训练,帮助学生做好评估任务。与此同时,根据可理解性语言输出的三大功能(注意/触发、假设检验、元语言反思)(Swain,1995,1998),教师还应做到如下几点。①引导学生注意语言输入时的语言形式,发现自己表达中的语言错误,在语言加工中夯实语言知识(Swain et al.,1995)。②在学生输出(说、写)语言时给予及时的反馈,促使学生调整对语言的假设,乃至重新输出适切的语言。如果学生能在教师的督促中长期练习调整、控制输出语言质量,就能提高自主运用语言的综合能力。③调动学生互动的积极性,帮助学生在口头和书面语输出过程中理解语言、理解自己同他人在认知和情感上的发展。换句话说,教师应培养学生元语言反思能力。

3.4 关于未来的思考

笔者发现,部分学生在"我要求职"项目中未能完成全部项目要求,内容也过于简单;还有些小组在"演讲日"项目中未按要求完成任务。这两种情况在三班表现得尤为突出。例如三班多数小组在"我要求职"中,仅仅介绍了招聘公司情况,对于面试问题、简历撰写的内容过于简单,甚至缺失;在"演讲日"项目进行过程中,三班部分小组忘记制作幻灯片,或幻灯片内容不全,条理不清,演讲时由于准备不足而表现不佳。针对这些情况,笔者也认真思考了其背后的原因。Weiner(1985)认为学习者在外语学习活动中付出多少努力最终取决于个人意愿。虽然Stoller(2006)和顾佩娅(2007)指出项目式学习模式能推动学习者更努力地投入学习,但学生的努力程度可能受活动难度、目标和情感体验等因素的影响。因此,教师应适当控制活动难度,通过不断鼓励学生突破自我能力范围而设定高一级的活动目标,学生能由此被激发出积极的情感(夏赛辉 等,2017)。正如顾佩娅(2007)指出的一样,项目教学法不是万能,而是适合于不同专业、不同程度和能力的学生。在未来的教学过程中,笔者还要对这些问题展开进一步的调查与研究。

项目式学习的教学目标在于掌握关键知识和核心技能,其中知识指的是与专业、学科相关的信息、概念及其理解应用,技能指的是有效表达/交流、批判性思维、合作、元认知等高阶技能。换言之，学生需求、教学内容、项目式学习、学习者差异、同伴互动等要素互相影响，形成作用机制。笔者希望未来可以在这些领域做深入探讨，进一步了解各要素的影响机制，提高教学质量。

另外，笔者在实施项目式学习的过程中还遇到一些问题，以及未能解答的困惑。例如，学生分组的问题、学生高效协作完成项目的问题、同伴互动如何促进项目式学习的问题、学生项目成果的有效评估问题等。这些问题和疑惑也是笔者未来教学的研究课题。

4　结论

笔者在反思项目式作业中发现，学生普遍欢迎该教学方式。通过教学活动和案例分析，笔者认为其原因在于设计项目式教学时，从所教授单元中，提出了一些具有现实意义的问题让学生们尝试去解决，其情感体验是积极有益的。而在此过程中，学生分别扮演不同的社会成员角色，实行分工协作；学生需求、教学内容、项目式学习、学习者差异、同伴互动等要素互相影响，形成作用机制。笔者在实施项目式学习的过程中也遇到一些问题，这些问题将成为未来教学研究课题。

本章参考文献

[1] ADDERLEY K，ASHWIN C，BRADBURY P. Project methods in higher education[M]. London：Society for Research in Higher Education，1975.

[2] AYAS K，ZENIUK N. Project-based learning：Building communities of reflective practitioners[J]. Management Learning，2001，32(1)：61-76.

[3] BARRON B，DARLING-HAMMOND L. Teaching for meaningful learning：A review of research on inquiry-based and cooperative learning [EB/OL]. [2018-11-06]. http://www. edutopia. org/pdfs/edutopia-teaching-for-meaningful-learning. pdf.

[4] BARRON B J S，SCHWARTZ D L，VYE N J，et al. Doing with understanding：Lessons from research on problem- and project-based learning[J]. Journal of the Learning Sciences，1998，7(3&4)：271-311.

[5] BECKETT G H，MILLER P C. Project-based second and foreign language education：Past，present，and future [M]. Greenwich：Information Age Publishing，2006.

[6] BELL S. Project-based learning for the 21st century：Skills for the future

[J]. The Clearing House,2010,83(2):39-43.

[7] BLUMENFELD P C,KRAJCIK J S,MARX R W,et al. Lessons learned: How collaboration helped middle grade science teachers learn project-based instruction[J]. The Elementary School Journal, 1994, 94(5): 539-551.

[8] BLUMENFELD P C, SOLOWAY E, MARX R W, et al. Motivating project-based learning:Sustaining the doing,supporting the learning[J]. Educational Psychologist,1991,26(3&4):369-398.

[9] CELCE-MURCIA M. Teaching English as a second or foreign language [M]. Beijing:Foreign Language Teaching and Researching Press,2006.

[10] CORNWALL M,SCHMITHALS F,JAQUES D. Project-orientation in higher education[M]. Brighton and London: Brighton Polytechnic and University of London Institute of Education,1977.

[11] DUFFY T M,CUNNINGHAM D J. Constructivism: Implications for the design and delivery of instruction[M]// JONASSEN D H. Handbook of research for educational communications and technology. New York:Macmillan Library Reference,1996:170-198.

[12] ERTMER P A, RICHARDSON J C, BELLAND B, et al. Impact and perceived value of peer feedback in online learning environments[EB/OL]. [2018-11-06]. http://www. edci. purdue. edu/ertmer/docs/AECT05_Proc. pdf

[13] FALCHIKOV N, GOLDFINCH J. Student peer assessment in higher education: A meta-analysis comparing peer and teacher marks[J]. Review of Educational Research,2000,70(3):287-322.

[14] FRANK M, BARZILAI A. Integrating alternative assessment in a project-based learning course for pre-service science and technology teachers[J]. Assessment and Evaluation in Higher Education,2004,29(1):41-61.

[15] GRANT M M. Getting a grip on project-based learning: Theory, cases and recommendations [J]. Meridian: A Middle School Computer Technologies Journal,2002(5):1-17.

[16] GU P. Effects of project-based CALL on Chinese EFL learners[J]. Asian Journal of English Language Teaching,2002(12):195-210.

[17] HELLE L,Tynjälä P,OLKINUORA E. Project-based learning in post-secondary education:Theory,practice and rubber sling shots[J]. Higher

Education,2006,51(2):287-314.

[18] HERNANDEZ-RAMOS P,DE LA PAZ S. Learning history in middle school by designing multimedia in a PBL experience[J]. Journal of Research on Technology in Education,2009,42(2):151-173.

[19] KARAU S J,WILLIAMS K D. Social loafing:A meta-analytic review and theoretical integration [J]. Journal of Personality and Social Psychology,1993,65(4):681-706.

[20] KATZ L G,CHARD S D. The project approach[EB/OL]. [2018-11-01]. https://files. eric. ed. gov/fulltext/ED340518. pdf

[21] KOLODNER J L,GRAY J. Understanding the affordances of ritualized activity structures for project-based classrooms[EB/OL]. [2018-11-06]. https://www. researchgate. net/publication/239868792_Understanding_the_affordances_of_ritualized_activity_structures_for_project-based_classrooms/link/56c6414c08ae8cf828fefdfd/download

[22] LAM S F,CHENG W Y,CHOY H C. School support and teacher motivation to implement project-based learning [J]. Learning & Instruction,2010,20(6):487-497.

[23] LEE H J, LIM C. Peer evaluation in blended team project-based learning: What do students find important? [J]. Educational Technology and Society,2012,15(4):214-224.

[24] LIU E Z F, LIN S S J, YUAN S M. Alternatives to instructor assessment:A case study of comparing self and peer assessment with instructor assessment under networked innovative assessment procedures[J]. International Journal of Instructional Media, 2002, 29(4):1-10.

[25] MITCHELL S, FOULGER T S, WETZEL K, et al. The negotiated project approach:PBL without leaving the standards behind[J]. Early Childhood Education Journal,2009,36(4):339-346.

[26] MORGAN A. Theoretical aspects of project-based learning in higher education[J]. British Journal of Educational Technology, 1983(1):66-78.

[27] MOURSUND D. Project-based learning using information technology [M]. Eugene:ISTE,1999.

[28] NEO M, NEO T K. Engaging students in multimedia-mediated constructivist learning—Students' perceptions [J]. Educational

Technology & Society,2009,12(2):254-266.

[29] PERCY I, RAMSDEN P. Independent study: Two examples from English higher education[M]. London:Society for Research in Higher Education,1980.

[30] PHILP J, ADAMS R, IWASHITA N. Peer interaction and second language learning[M]. New York:Routledge,2014.

[31] RAVITZ J. Project based learning as a catalyst in reforming high schools[EB/OL]. [2018-12-05]. https://files. eric. ed. gov/fulltext/ED540113. pdf.

[32] SAIDE K, FIKRET K. The effects of project-based learning on students' academic achievement,attitude,and retention of knowledge: The subject of "Electricity in Our Lives"[J]. School Science and Mathematics,2014,114(5):224-235.

[33] STEINBERG A. Real learning, real work: School-to-work as high school reform[M]. New York:Routledge,1998.

[34] STOLLER L. Establishing a theoretical foundation for project-based learning in second and foreign language contexts[M]//BECKETT G, MILLER P. Project-based second and foreign language education:Past, present, and future. Greenwich: Information Age Publishing, 2006: 19-40.

[35] SWAIN M. Three functions of output in second language learning [M]//COOK G, SEIDLHOFER B. Principle and practice in applied linguistics. Oxford:Oxford University Press,1995:125-127.

[36] SWAIN M. Focus on form through conscious reflection [M]// DOUGHTY C, WILLIAMS J. Focus on form in classroom second language acquisition. Cambridge: Cambridge University Press, 1998: 64-81.

[37] SWAIN M,LAPKIN S. Problem in output and the cognitive processes they generate: A step towards second language learning[J]. Applied Linguistics,1995,16(3):371-391.

[38] TAMIM S R, GRANT M M. Definitions and uses: Case study of teachers implementing project-based learning [J]. Interdisciplinary Journal of Problem-based Learning,2013,7(2):72-101.

[39] THOMAS J W. A review of research on PBL[EB/OL]. [2018-11-29]. www. bobpearlman. org/BestPractices/PBL_Research. pdf.

[40] THOMAS J W, MERGENDOLLER J R. Managing PBL: Principles from the field[EB/OL]. [2018-11-29]. http://citeseerx. ist. psu. edu/viewdoc/download? doi=10. 1. 1. 532. 3730&rep=rep1&type=pdf.

[41] TOPPING K J, SMITH E F, SWANSON I, et al. Formative peer assessment of academic writing between postgraduate students[J]. Assessment and Evaluation in Higher Education,2000,25(2):149-169.

[42] VON KOTZE A,COOPER L. Exploring the transformative potential of project-based learning in university adult education[J]. Studies in the Education of Adults,2000,32(2):212-228.

[43] WEINER B. An attributional theory of achievement motivation and emotion[J]. Psychological Review,1985,92(4):548-573.

[44] WEVER B D, KEER H V, SCHELLENS T, et al. Assessing collaboration in a wiki: The reliability of university students' peer assessment[J]. The Internet and Higher Education, 2011, 14(4): 201-206.

[45] WOLK S. PBL: Pursuits with a purpose[J]. Educational Leadership, 1994,52(3):42-45.

[46] 董洪学,初胜华,张坤媛. 基于 MTI 职业翻译能力培养的翻转课堂项目式教学模式研究[J]. 外语电化教学,2017(4):49-55.

[47] 高艳. 项目学习在大学英语教学中的应用研究[J]. 外语界,2010(6):42-48.

[48] 顾佩娅. 多媒体项目教学法的理论与实践[J]. 外语界,2007(2):2-8,31.

[49] 李志河,张丽梅. 近十年我国项目式学习研究综述[J]. 中国教育信息化,2017(16):52-55.

[50] 王勃然. 项目学习模式对大学英语学习动机的影响因素分析[J]. 外语电化教学,2013(1):37-41,68.

[51] 夏赛辉,张文忠. 依托项目语言学习模式下的学习者努力研究[J]. 外语与外语教学,2017(3):78-88.

[52] 徐艳梅,李晓东. 基于电子学档的项目式翻转课堂教学方法研究——以《新大学英语》课堂教学为例[J]. 中国外语,2014,11(5):81-87.

[53] 杨东杰,王维倩,宁大利. 基于 Wiki 的项目式协作性英语教学案例研究[J]. 外语电化教学,2014(5):28-33.

[54] 张文忠. 国外依托项目的二语/外语教学研究三十年[J]. 中国外语,2010

(2):68-74.

[55] 张文忠. iPBL——本土化的依托项目英语教学模式[J]. 中国外语,2015(2):15-23.

[56] 中华人民共和国教育部国家语言文字工作委员会. 中国英语能力等级量表:GF 0018—2018[S]. 北京:教育部考试中心,2018.

第十章 项目式教学法在大学英语阅读课中的教学实践

随着我国全球化进程的不断推进，国内英语学习热潮日益上涨，大学新生的英语水平更是一届高过一届，这就对大学英语教师的专业素养及教学水平提出了越来越高的要求。与此同时，各校英语课程学时的缩减也对教师的教学内容及教学方法提出了巨大的挑战。面对新时代的要求，如何将大学英语课讲授得有别于高中模式，使学生拥有较强的获得感；如何培养学生具有全方位的综合能力，成为21世纪多元化人才是大学英语教学改革的重要课题。

项目式教学法自20世纪末从国外传入我国以来，受到了国内教育界各学科的重视，大学外语教育界也不例外。国内近20年的教学实践证明：项目式教学法适用于大学英语课程的教学（顾佩娅 等，2002；王勃然，2012；杨莉萍 等，2012；余渭深，2017；张薇，2013），能有效地促进学生学习英语的积极性，提高其自主学习能力，培养批判性思维能力，使他们拥有分析、解决问题的能力及进行交流与合作的能力。笔者基于项目式教学法的特点及设计原则，依托上海外语教育出版社出版的《全新版大学英语综合教程》，对教材中部分单元进行项目设计及实施，旨在探究提升大学英语阅读课程趣味性、发掘学生创造性思维、培养学生综合能力的教学新思路。

1 什么是项目式教学法？

要想了解什么是项目式教学法，必须先了解教学领域中项目的含义。不同学者对项目的界定并不相同。Gido 等（1999）认为项目是以一套独特而相互联系的任务为前提，有效地利用资源，为实现一个特定的目标所做的努力；Legutke 等（1991：158，160）将项目界定为“一个共同构建和磋商的行动计划”，是“以主题和任务为中心的教学方式，是所有参与者共同磋商的结果”。Hedge（1993）认为项目是延伸拓展了的任务。国内学者李丽君（2009）将项目简化为学生围绕一个复杂、真实的问题和精心设计的任务进行的一系列探究性的过程。

项目式教学法，顾名思义，就是将项目运用到课堂教学中，使其成为传统教学方式的一种补充。项目式教学法作为一种系统的教学模式，有助于学生的语言技能、认知构架、综合素质和技能的发展(Ribe et al.，1993)。这种方法一改“以教师为中心”的传统教学方式，将“以学生为中心”的系列项目活动融入课堂设计中，通常由教师带领学生通过设置真实的语言场景，有针对性地设计项目任务，将需要掌握的语言技能有效融入实施项目的系列步骤中，以此达到习得和运用语言的目的。在此过程中，教师带领学生完成从项目选题到项目实施的整个过程，不仅培养学生收集处理信息、判断信息真伪、获取新知识的初级能力，而且培养他们交流合作、分析解决问题、批判性思维等高级能力。项目式教学法通过完成项目活动达到将教学内容和培养学生多元综合能力有机结合的教学目标，并由此提高课堂趣味性，发挥学生主观能动性，使学生成为独立、自主、愉悦、高效的学习者，进而培养他们成为适应全球化时代的多元化人才。

基于项目式教学法的基本理念，Alan 等(2005)认为项目式教学法具有开放性、研究性、实践性等特征，学生通过项目研究能够达到习得和运用语言的目的。他们认为成功的项目式教学具有以下四个特点：聚焦能够使学生兴趣持久的、与真实生活接近的项目主题；要求学生相互合作但又不失各自的独立性和自主性；关注语言形式及语言其他方面的能力；以过程和成果为导向，兼顾综合能力培养和项目完成后的反馈。由此可见，项目式教学法的核心本质就是充分发挥学生的自主性，通过参与能反映真实现实问题的项目活动，运用已学知识及相关的研究工具，最终产出学习成品。正是因为项目式教学法的这一核心本质，才使得这种教学法有别于传统“填鸭式”教学法，具有培养学生综合能力的效果。

项目式教学法的这些特征并非凭空而来，而是融合了许多教育理念，主要包括建构主义学习理论、杜威的实用主义教育理论和布鲁纳的发现学习理论。建构主义学习理论认为：知识是由认知主体主动建构的，建构是通过新旧经验的互动实现的(Steffe et al.，2002)。也就是说，建构主义学习理论认为知识不是通过教师传授得到，而要学习者在一定的情境下，通过获得他人(教师或者同伴)的帮助，借助已有的知识和必要的学习资料及工具，重新构建而获得(刘景福 等，2002)。基于建构主义的这种获得知识的学习观，项目式教学非常重视学生的自主性和主体作用，通过项目获得知识、提高能力的途径主要是通过学生自己，教师只是引导者、组织者、领导者、发起者、评价者、指导者，而不仅仅是知识的传授者(Stoller，2004)。

杜威(John Dewey)的实用主义教育理论来源于实用主义哲学，是项目式学习的另一个理论基础。传统教育提倡以课堂为中心，以教科书为中心，以教师为中心,注重强制性的纪律和教师的权威作用。而杜威的实用主义教育理论提倡以经验为中心,以学生为中心,以活动为中心。他强调学生应该在"做中学"(learning by doing)。项目式教学法的教学理念正是基于杜威的这种教育观,将学生要掌握的知识融于各种项目活动中,采取"做中学"的方式,让学生通过各种探究活动来学习知识,进一步提高实践动手能力。通过自己亲自做的方式所获得的知识印象深刻,永远都难以忘记。这样的教学方式不仅能巩固所学知识,还全方位培养了学生的实践能力、交际能力及分析解决问题的能力。

项目式教学法的第三个理论基础来源于美国教育家布鲁纳(Jerome Seymour Bruner)提出的发现学习理论。布鲁纳认为教学过程就是教师引导学生发现的过程,学生亲自去发现隐藏于问题背后的知识,从而获得新的领悟。项目式教学法正是从发现问题、确定项目主题开始一步步往下探究问题的本质及答案,所以项目式教学法的特点之一就是具有探究性,学生对现实生活中的问题进行探究,提出假设后实施验证,获得结论,从而建构并生成自己的知识。

综合以上三种理论,不难发现它们所具有的共性:这三种理论都主张学生亲自参与到项目活动中,通过自己探索发现而获得知识,并进一步重建新的知识体系。这种教学法比传统的教师"一言堂"的说教更容易让学生接受,更容易激起他们的学习热情,而长期的此种熏陶又打造了学生各种综合能力,为今后步入社会做好充分的准备,这也是大学培养人才的终极目标。

2　国内外研究现状

2.1　国外研究现状

国外对于项目式语言教学的研究起始于20世纪70年代中期(Hedge,1993),研究范围遍布世界各国中小学及大学英语课堂。浏览现有文献,可以发现国外研究主要分为三大类。第一类研究聚焦于师生对项目式教学法的反馈,其中大部分研究(Beckett,2005; Poonpon,2017;Kaya et al.,2014; Gibbes et al.,2013)通过访谈、反思日记等质性研究方法调查学生的看法。少数研究(Foulger et al.,2007;Lee et al.,2014)关注教师的认识。就学生反馈而言,Beckett(2005)在其研究中发现,移民加拿大的中学生对于项目式教学法持有否定意见是出于教育文化背景的不同,他呼吁教师要加强和学生之间的对话,要让学生了解项目式教学法的价值。Poonpon(2017)以47名泰国信息科学专业大二学生为研究对象,调查学生对英语课堂上实施项目式教学法的看法及他们对项目式教学法是否能够提高听、说、读、写四大技能的看法。该研究采用的项目具有跨学科的性质,突出了信息科学知识与语言技能的结合,要求学生以"信息科学在社会中的作用"为题进行调研并展示成果。研究结果表明:虽然存在展示时间不够、学生演讲能力训练不够等问题,大部分学生认为参与项目使他们兼顾了语言能力的提高和专业知识的运用。Kaya 等(2014)针对护理专业学生做的研究也得到了正面的反馈,学生反映项目式活动能够提高团队合作、开拓创造性和批判性思维、提高解决问题的能力。Gibbes 等(2013)通过活动理论(Activity Theory)对学生进行了反馈调查,分析了学生对于项目式活动持正面、负面及正反两面兼而有之态度的原因,并指出教师设计活动应该遵循该研究结果,而不是凭感觉设计。除了研究学生对项目式教学的反馈,还有研究者关注教师的反映。Foulger 等(2007)的研究探究了教师对于现代技术在项目式教学中提高学生写作水平的看法,Lee 等(2014)通过访谈的形式收集了教师关于项目式教学法概念的看法及其对于项目实施的影响。

国外第二类研究主要是对具体项目的描述,包括从确定项目主题到项目实施各具体步骤都有描述。如 Fried-Booth(1982)带领英国英语提高班的学生完成了一个与残疾人相关的项目。该项目要求学生调查英国小城市巴斯(Bath)残疾旅游者的问题及该市有哪些设施可以给这些残疾人提供帮助,以此给巴斯城一些关于残疾人工作的借鉴。由此可见,该研究项目成功对接了学生语言能力的培养和为社区做贡献的实际意义。Couto-Cantero(2011)在其研究中报告了西班牙大学生模拟国际会议的全过程,使读者了解到项目式外语教学中关于教师和学生角色的正确定位及项目确定、实施和评估的注意事项。Carter 等(1986)的研究描述了选修英语课的学生去初中课堂当老师的体验,记录了从项目准备到项目成果的各个步骤,研究结果表明学生在学习策略及跨文化交际方面都取得了很大的进步。Sidman-Taveau 等(2001)的研究更有意思,他们将项目式教学模式运用到西班牙语课堂教学中,引导西班牙语专业一年级学生开展了一个网上虚拟游览世界各国的项目。他们除了描述整个项目过程,还收集了学生反馈,指出该项目不仅提高了学生学习的投入度和语法知识的运用,对于网络语言及网上文化资源的应用也是显而易见的。文章最后还提到了项目式教学法面临的挑战。

国外第三类研究偏定量研究,主要研究项目式教学法对教学实践中某一变量的影响。Baş 等(2010)和 Baş(2011)分别探究了土耳其小学及高中课堂项目式教学法对学生英语学习成绩及学习态度的影响。Sadeghi 等(2016)的研究表明项目式教学法对于伊朗语言学院学生的对比段落写作能力有较大的提高。Shokri(2010)的研究发现项目式教学法提高了马来西亚工程专业大学生使用英语的频率,训练了他们的学习技巧,同时也提高了学习者的自信心。Grant(2017)通过学生调查问卷和教师反思的方式调查了项目式教学法对于学术英语写作课程的影响。其研究结果表明项目活动不仅为创造性写作提供了机会,还提升了学生的学习动力和自主性。

除了以上三大类研究外，国外研究也比较重视项目式教学法的理论研究。为数不少的研究都探讨了项目式教学法的特征及实施步骤，其中比较有意义的理论研究是探索如何将项目式教学法效果最大化。比如 Stoller 等(2005)指出，有的项目活动由于设计不够严谨而仅成为一种课堂活动中的娱乐形式或者一种休息方式，有的由于教师操控过多而缺乏学生的自主性，作者强调使项目式教学法效果最大化非常重要，并呼吁项目实施者应该遵守 Stoller (1997)和 Sheppard 等(1995)提出的十大步骤进行教学。

2.2　国内研究现状

项目式教学法自 20 世纪末传入我国后，受到了大学外语界的高度重视。学者们最初是研究项目式教学法的理论框架、教学模式，后来尝试把项目式教学法运用到各类不同的课型中，研究其具体的教学设计方法、教学步骤及教学效果。2013 年高等教育出版社《新大学英语综合教程》的出版，标志着项目式教学法在国内大学英语教学界的空前发展。该教材每一个单元都是围绕课后的项目大作业设计的，每完成一个单元的学习就意味着一个项目的完成。从某种程度上说，该教材实现了“教学就是项目，项目就是教学”的理念(张文忠，2015)，足以见得项目式教学法在我国大学英语教学界的地位。近年来，随着对项目式教学法的进一步了解和研究者研究水平的提高，涌现了数个基于项目式教学法的实证研究。

将以上概述具体化，国内项目式教学法的研究主要可以分成两大类：理论研究和应用研究。

理论研究主要以探究项目式教学法的教学模式为主。有的学者通过介绍国外项目式教学模式给国内学者以启发。张文忠(2010)基于国外项目式语言教学 30 年的有关文献，试图让国内学者了解项目式教学法的特征及其国外发展历程，以便国内学者得到一些启发。徐永军等(2011)也介绍国外关于语言项目学习的特征、实施过程及对语言学习的促进作用，并对我国语言项目学习提出了建议。为了更有效地实施项目式教学法，大部分学者(李丽君，2009；刘景福 等，2002；李立 等，2014；张明芳，2011；张文忠，2015)还是致力于研究适合我国外语教学的项目式教学模式。其中，张文忠(2015)基于南开大学连续 6 年的项目研究式学习之教学实践，提出本土化的英语专业项目式教学模式。他在文中对该模式的六个阶段进行了详细的描述，并指出此模式是为了对英语专业学生进行思辨和创新训练。张明芳(2011)也提出了外语教学中包含语言、内容/知识、能力和情感的本土化项目学习框架，同时也对具体实施步骤进行了描述。类似这样的研究虽然明确阐述了项目式教学模式的特征及具体的教学步骤，也说明了对教学产生的积极作用，但上述研究均未给出具体的项目实施细节，故缺乏一定的指导性和操作性。

应用研究中大部分是项目式教学法在各类课程中的应用。文献表明，国内学者尝试将项目式教学法运用到诸如听说(程茜，2017；马纳克，2016)、读写(岳瑞玲，2014；杨莉萍 等，2012；朱敏 等，2018)、翻译(陈水平，2013；邓媛，2012；董洪学 等，2017)、语言学(张明芳，2012)等课程的教学实践中。此类研究一般通过探讨项目式教学法对具体某一课程教学的意义和描述项目实施的各步骤，阐明项目式教学法对教学产生的积极意义。这类研究的不足之处也是缺乏基于教材的具体某个单元的项目设计，为同行们进行直观效仿和体验增加了难度。

随着我国外语教育学界对项目式教学法的研究进一步推进，近年来也出现了少数基于项目学习的实证研究。这些研究的出现标志着我国项目式教学研究的进步，是我国项目式教学发展的新趋势。苏州大学顾佩娅教授带领团队进行了大学英语专业及非英语专业的系列项目教学实践。顾佩娅等(2002)通过报告苏州大学与美国佐治亚州的南方理工州立大学之间开展的网上合作教学项目，采取参与观察、开放式访谈和网上交流内容分析三种方法，重点探究了项目式教学法在激励求知、促进习作、提高综合交际能力三个方面的作用。顾佩娅等(2003)通过开展一系列以苏州外贸资源与服务为主题的社会调查活动，从建构主义学习观的五个特征出发，采取跟踪观察、对学生进行访谈等方式，论证了计算机辅助项目教学在学习的积极主动性、目标指引性、任务真实性、不断反思性和互动合作性五个方面的有效性。顾佩娅(2007)通过对苏州大学进行的系列多媒体项目进行描述性的实证研究，发现项目式教学法在培养创新人才方面具有以下五个方面的积极影响：项目式教学法可以提供真实、广泛的语言交际环境；提供大量语言摄入和产出的机会；通过多渠道反馈促进思维和语言发展；促进学生学习动机的大幅度增加；有助于合作气氛与自主学习习惯的形成。高艳(2010)做了一项基于山东大学 96 名学生项目式学习的类似研究，通过统计方法得出：项目式教学法对激发学生学习动机、提高学生语言应用能力、促进学生合作学习及培养学生综合学术能力方面都产生了积极影响。其他学者如王勃然(2010)通过描述项目式学习步骤、分析调查问卷得出大学英语项目式学习的四个重要特征：语言学习和学科学习的有机兼顾，真实而轻松的学习情境，多样化和数字化的学习手段，自主而协作的学习模式。

除了以上从宏观层面探讨项目式学习对大学英语教学产生积极作用的实证研究外，有的实证研究更关注从微观层面培养学生的某一种能力。李丽君(2009)和邓媛等(2009)重点探讨了项目式教学对学习者自主学习能力的影响；张薇(2013)基于数字读写项目提出了促进学生数字读写能力的学术英语模块化的课程构建；刘松等(2015)的研究聚焦项目式学习中批判性思维能力的培养；王勃然(2013)分析了大学英语项目式学习中影响学生学习动机的因素；夏赛辉等(2017)调查了学生学习努力的情况及其影响因素，以更好地促进他们的学习效果。

还有的学者尝试对项目效果进行评估研究。余渭深(2017)采取调查问卷、因子分析和聚类分析的方法，通过对完成《新大学英语》项目活动实践的学生进行调查发现，学生对项目活动持积极的态度，并且项目活动能有效促进他们的英语学习。王勃然(2012)通过分析调查问卷结果及学生自我总结，发现大学英语项目式教学不仅可以促进语言技能和 21 世纪技能的提升，还可以增加学科知识的获取。这两项研究并非泛泛而谈项目式教学的效果，而是基于数据的实证研究，故而研究结果更科学更可信。

综合以上国内外文献综述，可以看出国内外研究非常相似，都注重项目式教学活动的具体实施步骤、学生反馈及对教学中某些具体变量的影响。国内项目式教学的研究主要包括项目式教学模式研究，具体于某类课程中的应用，基于某个项目的报道及学生各种能力的培养研究及少数的项目评估研究，所有这些研究的共同点都是为了探讨项目式教学法在大学英语教学中的积极作用及有效性，不足之处在于鲜有研究分享具体的项目设计内容，从而削弱了其借鉴性、重复操作性和指导性。笔者试图弥补这一缺陷，通过选取上海外语教育出版社出版的教材《全新版大学英语综合教程》第三册中部分单元进行项目设计，并全程报道项目设计及实施情况，以期给予同行项目式教学法的探讨及启示。

3 项目式教学法的具体运用

众所周知，项目式教学法是否成功在很大程度上取决于项目活动的设计。在大学英语教学中，一般存在两种活动方式：一种是独立于教材之外的项目设计，如学校新闻报道、留学生跨文化适应现状及策略调查、学术文章阅读等；另一种是基于教材的项目设计。本章重点聚焦基于教材的项目设计案例。一般来说，大学英语课程分为听说和读写两个部分，听说课由于输入音视频文件，学生借助画面、原声等视听觉效果容易激起学习热情，学习过程不那么枯燥。而读写课往往比较枯燥，特别是阅读课，学生自己凭借高中所学基本都能看懂阅读篇章，如果大学英语教师继续采用高中英语模式逐字逐句对课文进行讲解，势必造成学生的厌倦情绪，那么教师上课到底应该教什么、怎么教才能激发学生的学习热情，使他们拥有充满获得感的学习体验？这个问题是困扰许多大学英语教师的难题。根据已有文献得知，项目式教学法能够成功激发学生的学习动机，提高学习热情，培养他们查阅资料、综合分析资料、合作和自主学习的能力，同时也能促进他们批判性思维能力、跨文化交际能力的提高(张明芳，2011；

Beckett,2005; Grant,2017;Lam,2011)。为了改善学生厌倦情绪、提高大学英语阅读课的教学效果,笔者多年来在教学中一直致力于项目式教学法的实施。笔者所在学校使用的教材是上海外语教育出版社出版的《全新版大学英语综合教程》,在2018级新生入校后的阅读课上,笔者采取了项目式教学法贯穿整个阅读课的举措。下文通过两个案例报告笔者基于教材实施项目式教学法的具体过程及学生对于项目活动的反馈。

3.1 基于课本阅读篇章的项目设计案例一

《全新版大学英语综合教程》第三册第二单元 Text A *The Freedom Givers* 讲述的是美国黑奴为了自由通过"地下铁路"逃往加拿大的故事。文章是记叙文体,加之难词难句也不多,以笔者所教学生的阅读水平,理解文章不存在什么困难,也就是说,这样的阅读文章不具挑战性。如果按照传统的教学法,一字一句地给学生解释分析课文,学生会感到枯燥乏味。那么怎样才能激发学生的兴趣,使他们从看似简单的文章中挖掘出深意并提高学生的获得感呢?笔者给学生布置了如下的项目活动:

Book 3 Unit 2 group project design

Directions: Each group should center on the following topic and design your own contents of the presentation. Your innovation and creation is highly valued.

Time: 10 minutes for each group

Presenters: all group members

Evaluators: the teacher and group leaders

Evaluation criterior: Contents 4 points; Delivery 4 points; Innovation & creation 2 points

Group 1: the background of Underground Railroad

Group 2: phrases/sentences in Introduction (para 1~5) and their related information

Group 3: phrases/sentences in Part 1 (para 6~10) and their related information

Group 4: phrases/sentences in Part 2 (para 11~15) and their related information

Group 5: phrases/sentences in Part 3 (para 16~23) and their related information

Group 6: civil-rights heroes in the world

Group 7: multiculturalism & racial discrimination

Stoller(1997)和 Sheppard 等(1995)提出,项目实施应分为以下十大步骤:①师生共同协商项目主题;②共同确定最终成果;③共同制订项目计划;④教师为学生在完成项目过程中信息收集提供语言支持;⑤学生收集信息;⑥教师为学生编辑与分析信息提供语言支持;⑦学生编辑与分析信息;⑧教师为学生最终成果汇报提供语言支持；⑨学生呈现最终成果；⑩学生评估项目完成情况。基于以上十大步骤，笔者将第二单元的项目活动分成准备阶段、完善阶段和展示阶段三大块。该项目要求学生在两周内完成。准备阶段包括学生分组、领取任务、商议成品形式、分配工作；完善阶段包括信息收集、汇总及组员间的碰撞；展示阶段包括组员成品合并、集体展示及师生评估。学生分组采取自愿组合的方式分成每组3～4人的小组，自愿分组的好处在于彼此间的互动更顺畅且容易找到合作学习的时间。在学生收集信息和确定展示方式等过程中，教师始终起着指导者的作用，学生有问题可以通过随时约见或者社交媒介得到指导。这也是充分体现项目式教学法以学生为中心，教师只是一个助推者、指导者的特点。从项目布置的细节中可以看到，展示时的评估是由教师本人和学生各组的小组长共同完成的，这样能够保持评分的信度。评分标准由展示内容、语言表达和创新性三个部分组成。展示内容考核学生对于文章理解的准确性及广度和深度，语言表达一方面考核他们运用英语的能力，另一方面考核他们的交际能力，而创新性则是考核他们的创造性思维能力。

从学生完成的情况看，虽然说不能每组学生都达到预期效果，但总有小组会有惊喜的表现。第一组的任务是对“地下铁路”的背景进行介绍，学生展示了清晰的逻辑思路，他们从“地下铁路”的定义到其产生的背景，从地图介绍逃亡线路到介绍带领黑人走向自由地的领袖，一一展示了自主学习的效果。图10-1展示了自由州和蓄奴州的分布，左边的文字解释提供了更多详细的信息，以这样的方式完成本篇文章的背景介绍比教师在课堂上直接灌输相关信息更令学生印象深刻，与此同时也促进了合作学习、自主学习的效果。

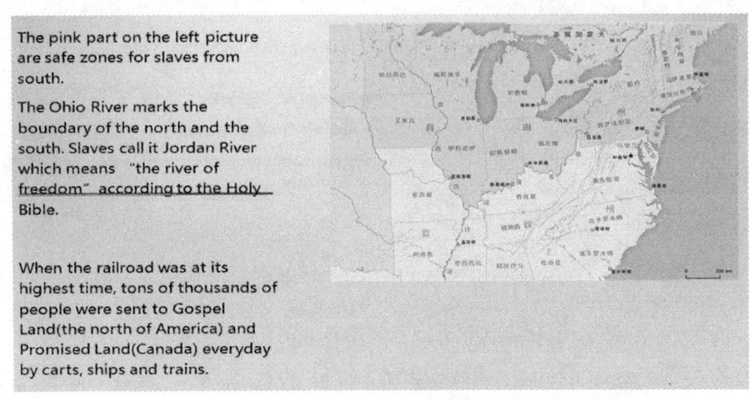

图10-1　美国的自由州和蓄奴州分布图

本项目第二组至第五组的任务相似，都是要求学生就课文某个部分的字词理解及相关信息进行分享。由于该任务的限制比较宽泛，这就给了学生发挥各自创造性能力的空间。比如第二组除了讲解字词的用法，拓展部分讲了构词法，介绍了文中提到的《汤姆叔叔的小屋》，并介绍了英语委婉语的特征、分类、构成法。图 10-2 展示的是委婉语的发展历程。第三组更注重对篇章的理解，学生基于文中人物 John Parker 自己摆脱奴隶身份并成功帮助四百多个黑奴逃离美国南方的故事，提出了该人物成为“地下铁路”乘务员的四个原因，并针对每个原因在文中逐一找到线索加以论证。图 10-3 为四个原因及其线索之一。显而易见，完成这样的项目培养了学生分析问题的能力，同时也增强了他们信息收集和判断的能力。第四组的特点是用图片展示的方式讲解词汇，使词汇学习变得有趣而记忆深刻。第五组侧重于介绍课文中涉及的背景知识。

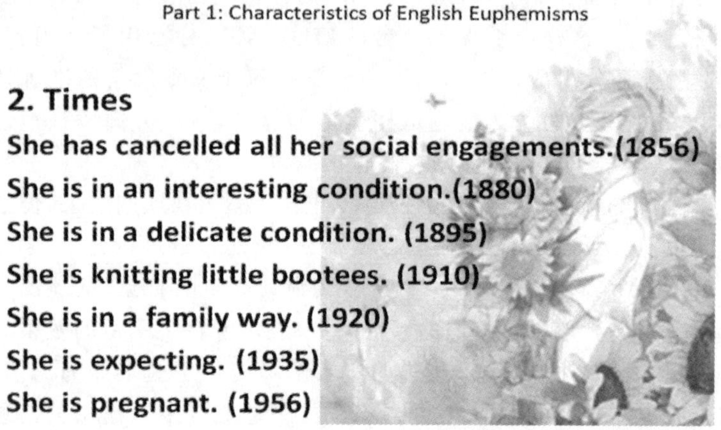

Part 1: Characteristics of English Euphemisms
2. Times
She has cancelled all her social engagements.(1856)
She is in an interesting condition.(1880)
She is in a delicate condition. (1895)
She is knitting little bootees. (1910)
She is in a family way. (1920)
She is expecting. (1935)
She is pregnant. (1956)

图 10-2　pregnant 的委婉语发展历程

reason
1
A conductor with the same experience
2
The development and spread of freedom idea
3
The proper and effective way of fighting back
4
racial discrimination
"He determined to live free someday." (para 7)
The longing for freedom
●Notice the difference
●Allocate the profit unfairly
● Accept unreasonable punishment

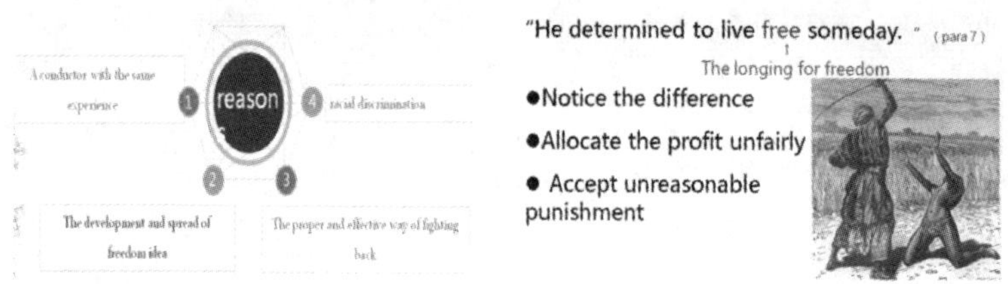

图 10-3　John Parker 成为“地下铁路”乘务员的原因及论证

第六组的任务是介绍民权运动领袖，学生选取的展示方式是在世界地图上呈现领袖的头像（见图 10-4）并讲解事迹，这样的讲解非常直观，有效地扩大了同学们的知识面。

第七组的任务是要求学生就多元文化和种族歧视进行展示。学生的创新性体现在其成品的学术性。他们通过自制的调查问卷对 60 名学生进行了这两个话题的调研。调查问卷涵盖对这两种现象的看法、是否体验过这两种场景、

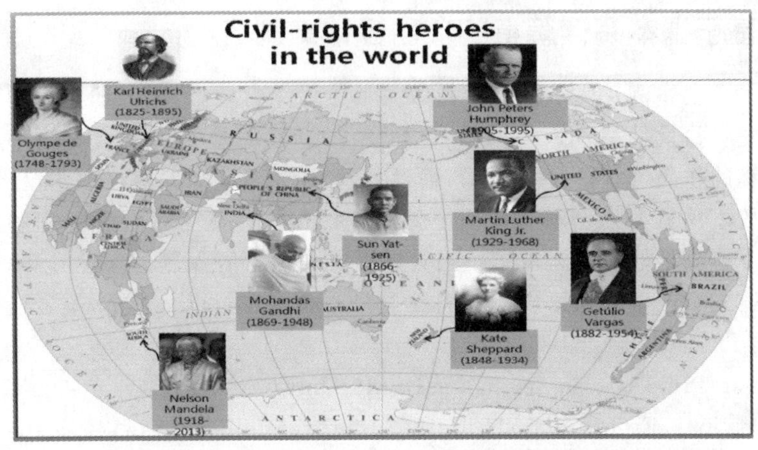

图 10-4　遍布世界各地的民权运动领袖

引起这两种现象的原因、如何增进多元文化交流、如何消除种族歧视等问题。虽然自制调查问卷还缺乏科学性，但是作为大一新生，能够从学术的角度完成英语课的项目已经是一个很好的科研方面的开端，同时也是将学习内容和语言能力的培养有机结合的一种有效方式。图 10-5 是学生调查问卷的结果之一。

图 10-5　调查问卷第 6 题结果

综上所述，学生不仅通过完成项目任务的方式加深了对课文的理解，而且培养了自己收集、分析、整理资料的能力，加强了逻辑思维能力，初步打下了科学研究的基础，提高了沟通交际能力，成功达成了自主学习、合作学习的效果。

3.2 基于课本阅读篇章的项目设计案例二

除了以上案例，笔者还就《全新版大学英语综合教程》第三册第六单元实施了第二轮项目设计活动。第六单元 Text A 选取的是著名美国短篇小说作家欧·亨利的作品《最后一片叶子》，而这篇文章的中译本学生在中学已经学过，他们对故事情节十分熟悉。如何上好这一课？笔者认为带领学生理解故事情节完全不能满足他们的需求。正因为这篇文章蕴含着深刻的人性升华，了解学生对这篇文章产生的感悟成为我们教书育人的良好契机。于是，笔者设计了以下活动：

Group Project Assignment for Book3 Unit 6

Directions: Each group should finish all the following tasks in the next 2 weeks and present on Week 18

Time: 10 minutes for each group in the last class

Presenters: all group members

Evaluators: the teacher and group leaders

Evaluation criterior: Contents 4 points ; Delivery 4 points ; Innovation & creation 2 points

Task 1: Search information from all resources and give an introduction to O Henry, including his brief biography, his works, his style of writing (illustrated with examples) or something interesting about him.

Task 2: Find difficult words, expressions and sentences from the text and explain them.

Task 3: Explain the scenes of the story and find the clues or threads that hook the scenes together.

Task 4: Share with the rest of the class what impressed you most in the short story.

与第二单元的项目要求不同，这次每个小组的任务都是一样的，每组都需要完成以上四个部分的展示。第一个任务要求学生了解关于作家和作品的背景信息；第二个任务要求学生理解难词难句，以扫清阅读障碍；第三个任务要求学生分析故事各场景并找出连接整个故事的线索；第四个任务要求学生分享自己的心得和感悟。由于第一和第二个任务属于初级任务，难度不大，所以学生完成得都较好，这里就不赘述。第三和第四个任务属于高级任务，更注重考查学生分析和解决问题的能力、思辨能力等高级能力。第三个任务还考查了学生分析、综合、提取信息的能力。可喜的是，同学们都能找到两条以上的线索，这就说明他们知道从不同的方面来看待同一件事物，由此产生解决问题的方式当然就不止一个,而这样的训练在他们今后的人生中会受益终身。图 10-6～图 10-8 分别展示了三组同学关于连接全文的不同线索分析,他们都用了文中出现的内容来论证这些线索,这样深入的学习会加深记忆,小组成员间的讨论也会促进批判性思维的养成。

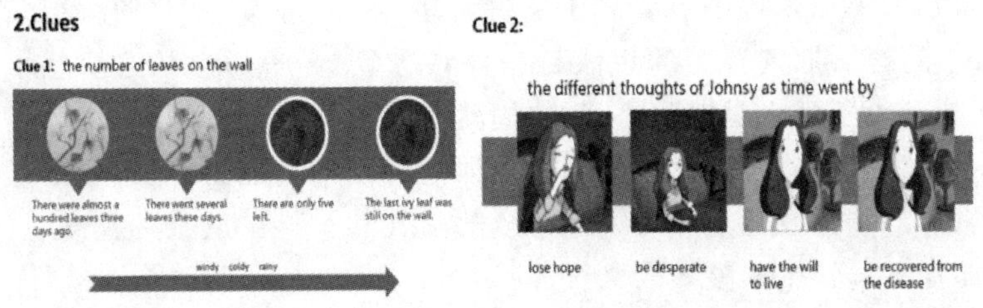

图 10-6　《最后一片叶子》线索分析一

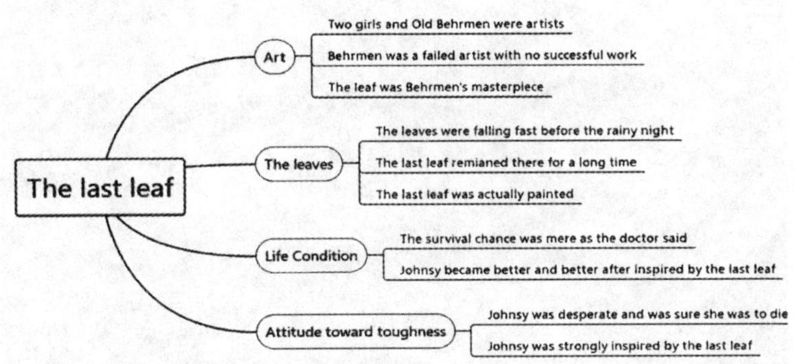

图 10-7　《最后一片叶子》线索分析二

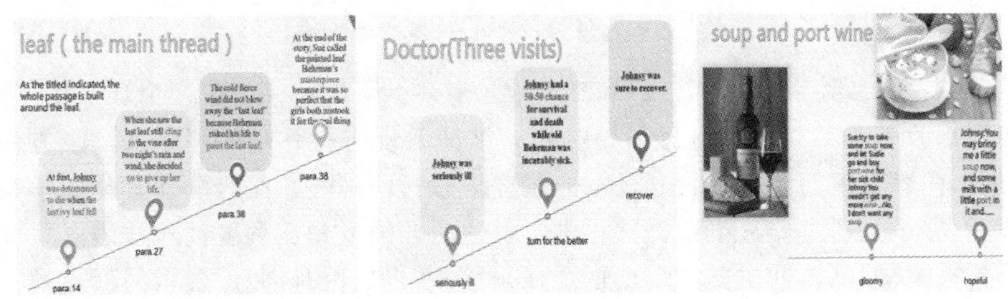

图 10-8　《最后一片叶子》线索分析三

第四个任务重点考查学生深入思考的能力和批判性思维能力。有的小组被文中人物的友谊所感染,提出"If you really have a short time to live ,what will you do ?"的问题供全班同学讨论,他们号召同学们要珍惜家人和朋友,善待陌生人。有的小组从文中每个人物身上挖掘感悟，从 Sue 身上他们看到了对朋友不离不弃、无微不至的珍贵友谊，从 Johnsy 身上学会了任何时候对生活都不能抱否定态度的人生观，从 Behrman 身上更是看到了人性的光辉，看到了自己生活不如意还不惜以自己生命为代价去照亮别人的高贵品质(图 10-9)。有的小组激励大家在困境中不要忘了发掘希望(图 10-10)，还有的小组借用小说中 Johnsy 的原话批判轻生的想法是一种罪恶(图 10-11)。从这些感悟可以看出，如果教师给予学生足够的空间，他们就能回报以更大的惊喜，这才是我们教育的根本。我们培养学生不仅仅是教会他们英语语言能力，更重要的是教会他们独立思考的能力及独立应对人生逆境的勇气和策略。从某种程度上说，这次项目活动提高了学生的整体人文素养。

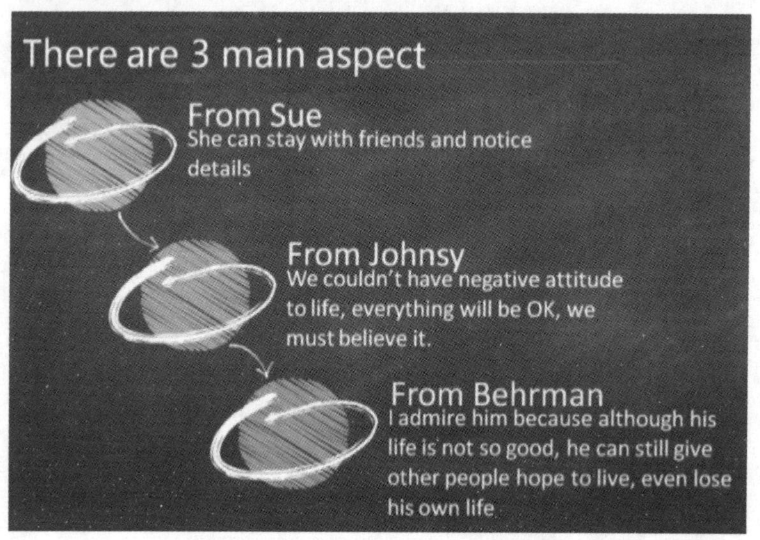

图 10-9 《最后一片叶子》学生感悟一

如前文所述，项目成品展示完毕后还有一个评估环节。在这个环节中，笔者要求教师本人和学生组长都要对每一组的表现进行评估。评估从三个方面展开，内容上主要考核是否有足够的信息量、是否有深度、是否能让其他同学有收获；展示技巧主要从语音、语调、语言表达的准确度和流利度及非言语的一些因素来考核；创新性主要看观点是否有新意、思想是否有创意、展示的形式是否新颖。除了用分数来评估学生的展示，笔者还要求全班同学对每一组的展示进行点评，指出优点和缺点，这个点评的过程是训练学生判断力的过程，同时也是培养他们思辨能力的过程。当面点评的方式使同学们开诚布公地交流，有效地提升了班级凝聚力。

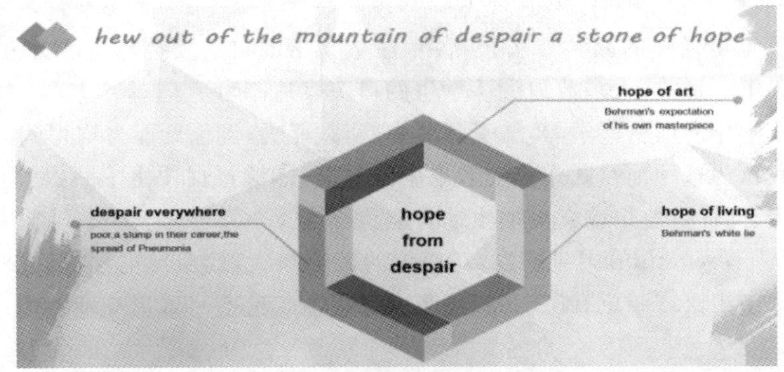

图 10-10　《最后一片叶子》学生感悟二

It is a sin to want to die

 **Life not only belongs to you, but belongs to who cares about you.**

 **It is a softness to abandon your life .**

 **Please believe life will be better and admire it.**

图 10-11　《最后一片叶子》学生感悟三

3.3　学生对于项目活动的反馈

项目活动结束后，笔者以开放式问卷的形式收集了学生的反馈意见。反馈意见主要包括学生的收获及存在的问题两个方面。从笔者所任教的三个班的反馈来看，几乎所有同学都对项目式活动持正面意见，他们都或多或少地得到了一些收获。下面摘录一些同学们的反馈：

· 项目式教学是一种很好的驱动，驱动同学深入阅读分享，自主查找有关资料。

· 项目式教学对我们学生来说是一个提升能力的机会，对老师来说是检测我们学习水平的机会。

· 项目式教学相比以前的英语学习方式，有很大创新，从刚开始的不适应、抵触到现在的逐渐接受，我们遇到过问题，但也小有成就。

· 项目式教学很有新意，也给课堂增加了很多趣味，而且增强了我们的能力，也让我们学会了自主学习。

·我觉得老师的教学方法很新颖，注重学生的自我发掘与潜能开发，不仅仅局限于纸上形式，大多数为锻炼学生的口头表达能力。

·本学年的项目式学习，从交际能力、实践能力，到创新能力均得到锻炼。

·我认为这种项目式作业的效果十分显著，能够督促学生不断提升自己的英语能力，同样也使得课堂更加生动有趣。

·从 presentation 本身来说，对口语的锻炼很大，比单纯的读课文要好，同时要求你组织语言要更有逻辑性，让听众听得懂。这些对以后毕业答辩等也很有好处。

针对第二和第六单元基于课文的项目活动，同学们普遍反映这种方法不仅促进了对文章更深层次的理解，还扩大了知识面，激发了很多创新思维，培养了很多能力。具体摘录几段学生的原话如下：

·单元项目汇报其实比单纯的听讲效果要好，更能理解课文内容。

·课本上的单元汇报可以激发许多创新思维。因为一开始觉得不知道讲什么，不知道然后拓展，尤其是 underground railroad 那一单元。但在硬着头皮完成项目的过程中也是对自己思维的一种激发，对创新的一种培养。做完项目感到收获颇丰，也认识到自己有创新的无限潜力。

·这是我们第一次以小组的形式完成学习任务。老师把每个小组的任务都划分得相当详细细致，所以每个组对自己的任务都相当明确，这样的任务形式首先强调了组员间的合作，即深化了同学们的交际能力。其次，group leader 也在这个过程中培养了领导能力，即统筹和调动的过程。同时，在挖掘课本内容的过程中必然需要有所延伸，这也是对创新能力的一种培养。最后的展示环节，人人参与，是对表达能力的一项考验。

·基于自身对文章的理解进行讲解文章，加上老师的补充点评，可以掌握更多的理解文章的技巧，虽然完成这一项目需时较长，但会让我们更加注重平时老师上课时的授课方法，加强自身的见解，所以这一项目对我来说是有益的，尤其是老师的点评打分会让人更有动力。

·基于课文的项目汇报锻炼同学们的合作能力，同时加深同学们对课文的理解。

·在课程结束后，我在以下几点收获颇丰：增强团队合作意识；提高了我在英语交流方面的能力；增强了运用计算机网络查找、分析资料的能力；增加了语言文化方面的知识。

除了以上提到的加强对课文的理解，锻炼了多种能力，还有的同学克服了怯场心理，改变了不够自信的性格。正如同学们自己所说：

·在过去的一年里，我们班在老师的领导与教育下完成了多次项目式作业。我从中收获良多。我学会了如何制作 PPT，使 PPT 更加吸引人，更加有逻辑。学会了用英语去表达自己内心的想法，英语口语得到了提升。同时，频繁的课堂展示，使我不再那么害怕在众人前说话、展现自我。一年里，我这些项目式作业让我改变了很多，这种改变不仅是在英语水平上，还在我个人的性格上，它们使我更开朗、更愿意与人交流，更愿意在人前展示自我。项目式教学给我带来了很多，也希望这种教学模式可以保留、发扬下去。

· 对于我个人来说，向别人讲述一直是我的短板，我很难以清晰的逻辑讲好一件事，这于我是个特别好的练习，尽管效果还不是很好，但我做的内容有了大家能理解的逻辑，这点是可喜的。

· 完成了这些任务，首先明显地感觉到自己不怯场了，有越来越多的自信走上讲台 speak in public。其次感觉渐渐掌握了演讲的方法，不再死记硬背自己的稿子，还总怕记不住，其实只要依据自己清晰的思路，自然而然就知道要说的是什么了。

当然，除了以上积极的反馈，学生也提出了展示时间过长、小组成员合作次数不够多、合作深度不达标及前期准备工作不够充分等问题，他们还提出了增加影视欣赏、排演情景剧等好的建议。针对以上问题和建议，笔者打算在新的学期注重培养学生的时间观念，将时间控制纳入评价标准，同时注意将项目展示分散到各小节课上，以免听众学生听多了感觉厌倦和疲劳而影响互动效果。关于小组合作效果不理想的问题，笔者在新的学期打算加入小组合作策略与技巧的培训，同时抽更多的课外时间检查学生合作学习的情况，充分发挥组长的领导力，采取记分的方式敦促组员开会商议、碰撞思想、共同决策。在项目前期准备方面，笔者将会针对项目性质，更有的放矢地给学生提供语言输入方面的准备及项目设计方面的指导。另外，笔者还会鼓励学生寻求展示方式上的创新，除了口头展示，还应该鼓励学生采取视频录制、脱口秀、广告制作、新闻报道、研究报告等生动有趣的方式对项目成果进行展演，力求最大程度体现项目式教学贴近真实生活的特征，以提高学生毕业后走入社会的适应能力。

4　如何使项目效果最大化?

为什么会提出这个问题？笔者所在学校的同仁存在一个问题，大家在布置项目式作业方面都很积极，也很有创意，但教师在项目前期准备阶段不够充分，后期跟进方面也相对松懈，所以容易导致项目效果欠佳。那么怎样才能使项目效果最大化呢？Alan 等(2005)和 Lam(2011)都认为保证项目效果最大化的途径就是严格按照 Stoller (1997)和 Sheppard 等(1995)提出的项目实施十大步骤进行。事实上，这十大步骤明确规定了项目实施过程中教师和学生的角色定位，而教师和学生在每个步骤的认真程度和付出比例直接影响到项目的成败。笔者在实践过程中，发现以下几点至关重要。

第一，教师在项目布置前必须和学生讲清楚本项目的教学目标，这个目标越清晰越好，越有助于学生后期参与度的提高。笔者在寒假期间给学生布置了阅读《经济学人》文章的任务，由于当时临近寒假没有跟学生阐明项目任务所要达到的目标，只布置他们去完成这个项目。由于《经济学人》上刊载的文章难度较大，涉及政治、经济、时事方方面面的内容，所以学生畏难情绪很大，有些同学产生了抵触情绪，甚至有一位同学英语课结束后暑期到了哈佛大学上交换课程才理解老师的苦心。显然，学生的这些情绪直接影响了项目的顺利实施。这一教训让笔者感触很深，如果当初告诉学生阅读这些文章就是为了挑战他们的阅读能力，同时也有助于他们养成关注国家大事的习惯，并培养他们的家国情怀，估计学生的接受度就要好得多。

第二，教师布置的项目活动不仅要和学生的真实生活挂钩，还要注意和学生所学课程的主体内容紧密联系。本章中的两个案例都是和学生要学的阅读篇章结合的，所以项目完成后学生不仅提高了语言能力，而且掌握了和篇章主题相关的信息知识，还知晓了通过同学们展示所深挖的一些具体细节，丰富了知识系统。又如笔者所在学校的跨文化交际课程就设计了采访校内留学生跨文化适应情况的项目，这个项目就直接对接了课程内容并将理论付诸实践，让学生真正体验了“做中学”的教学理念。

第三，小组合作要落到实处，不能是表面上的合作。做过项目式教学的教师都知道，有的时候同学们只是把各自所做的东西放一起，有的根本不听组长调遣，这样就没有达到合作学习的效果。面对这种情况，教师应该积极参与各组的头脑风暴、项目阶段汇报、项目设计等活动，带领学生进行合作，并让他们体会到合作学习的好处，使他们乐于合作，彼此成就。

第四，时间分配也很重要。项目历时的长短取决于项目的性质，时间太仓促也会影响效果，时间过长又会使人倦怠而缺乏激情，教师还要兼顾同时间段内学生其他课程的负荷情况，这就是为什么十大步骤中提出需要师生共同商议，我们在实际操作中必须做到真正的商议，而不应该强行规定。另外，展示时间也要安排好，过度冗长的展示只会令人感到枯燥乏味，更别提有何效果了。

第五，要充分平衡好教师的“控制性”和学生的“自主性”之间的关系。项目式教学不是让学生一盘散沙，不能没有教师的控制，但是如何控制，控制多少是有技巧的。如果教师插手太多，规定限制的范围太多，学生失去了自主权，就会阻碍他们的成长而失去项目式教学的意义；反过来说，如果教师放任不管，学生失去教师指导也不可能在完成项目的过程中有新的收获。

第六，项目评估环节不可或缺。十大步骤里最后一步就是要求学生自我评估，因为自我评估和反思对于将来取得良好学习效果大有裨益（Lam，2011）。在实际操作中，由于我们的学生尚年轻，难免出现自我评估偏颇的现象，所以笔者采取了教师评估、同伴评估和自我评估相结合的方式，以期达到更客观、更有指导意义的评估，最终使学习者受益。

5　结语

本章梳理了项目式教学法的理念、理论基础及实施步骤，并就笔者所在学校项目式教学法的具体实施做了完整描述。面对大学英语阅读课缺乏趣味性、学生普遍呈现倦怠情绪的情况，项目式教学法不失为一种较为有效的途径。实践证明，项目式教学法不仅可以激发学生的学习兴趣，提高他们运用英语表达思想的能力，实现合作学习和自主学习，更有助于学生创新能力、交际能力、逻辑思维能力及批判性思维能力等综合能力的提升。当然，项目式教学法在实施的过程中也存在受学时限制时间不够分配、小组互动不够理想、项目主题难以选择等问题和挑战，如何在有限的教学时数内平衡好传统教学法与项目式教学法也是大学英语教师需要思考的问题。传统教学法重视字词及语法知识的巩固，这也是夯实学生英语基础必不可少的手段。所以项目式教学法不能完全取代传统教学法，而只能作为传统教学法的一种补充来提升学生的学习兴趣并促进他们自主学习和合作学习的能力。因此，如何避免项目式教学法过于花拳绣腿、缺乏实质性的内容是我们大学英语教师应该思考的问题，如何使项目式教学法效果最大化才是我们的终极目标。

本章参考文献

[1] ALAN B，STOLLER F L. Maximizing the benefits of project work in foreign language classroom[J]. English Teaching Forum，2005，43(4)：10-21.

[2] BAŞ G，BEYHAN Ö. Effects of multiple intelligences supported project-based learning on students' achievement levels and attitudes towards English lesson [J]. International Electronic Journal of Elementary Education，2010，2(3)：365-385.

[3] BAŞ G. Investigating the effects of project-based learning on students' academic achievement and attitudes towards English lesson[J/OL]. The Online Journal of New Horizons in Education，2011，1(4)：1-15[2011-11-13]. http://www. tojned. net/journals/tojned/articles/v01i04/v01i04-

01. pdf.

[4] BECKETT G H, Academic language and literacy socialization through project-based instruction: ESL student perspectives and issues [J]. Journal of Asian Pacific Communication, 2005, 15(1): 191-206.

[5] CARTER G, THOMAS H. "Dear Brown Eyes": experiential learning in a project-orientated approach[J]. ELT Journal, 1986, 40(3): 196-204.

[6] COUTO-CANTERO P. Teaching and learning EFL through PBL[J]. Sociology Study, 2011, 1(4): 272-281.

[7] FOULGER T S, JIMENEZ-SILVA M. Enhancing the writing development of English language learners: Teacher perceptions of common technology in project-based learning[J]. Journal of Research in Childhood Education, 2007, 22(2): 109-124.

[8] FRIED-BOOTH D L. Project work with advanced classes [J]. ELT Journal, 1982, 36(2): 98-103.

[9] GIBBES M, CARSON L. Project-based language learning: An activity theory analysis [J]. Innovation in Language Learning and Teaching, 2013, 8(2): 171-189.

[10] GIDO J, CLEMENTS J P. Successful project management[M]. Beijing: China Machine Press, 1999.

[11] GRANT S. Implementing project-based language teaching in an Asian context: A university EAP writing course case study from Macau[J]. Asian-Pacific Journal of Second and Foreign Language Education, 2017, 2(4): 1-13.

[12] HEDGE T. Key concepts in ELT: Fluency and project [J]. ELT Journal, 1993, 47(3): 275-277.

[13] KAYA H, ŞENYUVA E, IŞIK B, et al. Nursing students' opinions regarding project based learning [J]. Procedia-Social and Behavioral Sciences, 2014(152): 379-385.

[14] LAM N T V. Project-based learning in teaching English as a foreign language[J]. VNU Journal of Science, Foreign Languages, 2011(27): 140-146.

[15] LEE J S, BLACKWELL S, DRAKE, J, et al. Taking a leap of faith: Redefining teaching and learning in higher education through project-based learning[J]. Interdisciplinary Journal of Problem-Based Learning, 2014, 8(2): 19-34.

[16] LEGUTKE M, THOMAS H. Process and experience in the language classroom[M]. Harlow, UK: Longman, 1991.

[17] POONPON K. Enhancing English skills through project-based learning [J]. The English Teacher, 2017(XL): 1-10.

[18] RIBE R, VIDAL N. Project work step by step[M]. Scotland: Macmillan and Heinemann, 1993.

[19] SADEGHI H, BINIAZ M, SOLEIMANI H. The impact of project-based language learning on Iranian EFL learners comparison/contrast paragraph writing skills [J]. International Journal of Asian Social Science, 2016, 6(9): 510-524.

[20] SHEPPARD K, STOLLER F L. Guidelines for the integration of student projects in ESP classrooms[J]. English Teaching Forum, 1995, 33(2): 10-15.

[21] SHOKRI N M. Team project facilitates language learning[J]. Procedia Social and Behavioral Sciences, 2010, 7(C): 555-564.

[22] SIDMAN-TAVEAU R, MILNER-BOLOTIN M. Constructivist inspiration: A project-based model for L2 learning in virtual worlds[J]. Texas Papers in Foreign Language Education, 2001, 6(1): 63-82.

[23] STEFFE L P, GALE J. Constructivism in education[M]. Shanghai: East China Normal University Press, 2002.

[24] STOLLER F L. Project work: A means to promote language and content[J]. English Teaching Forum, 1997, 35 (4): 2-9, 37.

[25] STOLLER F L. Content-based instruction: Perspectives on curriculum planning[J]. Annual Review of Applied Linguistics, 2004, 24 (1): 261-283.

[26] STOLLER F L, ALAN B. Maximizing the benefits of project work in foreign language classrooms[J]. English Teaching Forum, 2005, 43(4): 10-21.

[27] 陈水平. 项目翻译教学模式：意义、问题与对策——项目翻译教学的行动研究[J]. 外语教学理论与实践，2013(3)：82-97.

[28] 程茜. 基于项目的学习模式(PBL)在英语口语教学中的应用[J]. 黑龙江教育学院学报，2017(1)：142-144.

[29] 邓媛，王湘玲. 项目驱动培养 EFL 学生自主能力的实证研究[J]. 外语与外语教学，2009(8)：31-34，46.

[30] 邓媛. 生态翻译学视角下依托项目的 MTI 口译学习模式研究[J]. 外语

电化教学,2012(9):77-80.

[31] 董洪学,初胜华,张坤媛.基于MTI职业翻译能力培养的翻转课堂项目式教学模式研究[J].外语电化教学,2017(4):49-55.

[32] 高艳.项目学习在大学英语教学中的应用研究[J].外语界,2010(6):42-48.

[33] 顾佩娅,朱敏华.网上英语写作与项目教学法研究[J].外语电化教学,2002(6):3-7.

[34] 顾佩娅,方颖.基于建构主义的计算机辅助项目教学实践[J].外语与外语教学,2003(7):28-41.

[35] 顾佩娅.多媒体项目教学法的理论与实践[J].外语界,2007(2):2-8,31.

[36] 李立,杜洁敏.大学英语分科教学背景下学术英语PBL教学模式研究[J].外语教学,2014,35(5):55-58.

[37] 李丽君.基于项目学习模式的大学英语自主学习研究[J].教育探索,2009(8):23-24.

[38] 刘景福,钟志贤.基于项目的学习(PBL)模式研究[J].外国教育研究,2002(11):18-22.

[39] 刘松,普映山.以思辨能力为导向的PBL教学模式及其在英语教学中的应用[J].浙江外国语学院学报,2015(3):65-70.

[40] 马纳克.PBL教学模式下的大学英语口语教学实践[J].教育理论与实践,2016,36(27):49-50.

[41] 王勃然.网络环境下项目学习在大学英语教学中的应用——一项基于东北大学2008级非英语专业学生的行动研究[J].东北大学学报(社会科学版),2010(3):168-188.

[42] 王勃然.基于大学英语项目学习模式的学生学习成就满意度调查——一项社会建构主义视角下的项目学习研究[J].东北大学学报(社会科学版),2012(5):461-466.

[43] 王勃然.项目学习模式对大学英语学习动机的影响因素分析[J].外语电化教学,2013(1):37-41,68.

[44] 夏赛辉,张文忠.依托项目语言学习模式下的学习者努力研究[J].外语与外语教学,2017(3):78-88.

[45] 徐永军,罗晓杰.国外"语言项目学习"及其对我国英语教学改革的启示[J].外国中小学教育,2011(4):58-65.

[46] 杨莉萍,韩光.基于项目式学习模式的大学英语学术写作教学实证研究[J].外语界,2012(5):8-16.

[47] 余渭深.《新大学英语》项目活动实践的学生评价研究[J].中国外语,

2017,14(3):82-91.

[48]　岳瑞玲.PBL在大学英语阅读教学中的应用研究[J].当代教育科学,2014(13):63-64.

[49]　张明芳.后方法视角下外语教学中的项目学习框架[J].河北师范大学学报(教育科学版),2011(6):88-92.

[50]　张明芳.项目学习在英语语言学教学中的应用研究[J].河北师范大学学报(教育科学版),2012(8):89-91.

[51]　张薇.基于数字读写项目的学术英语模块化课程构建与实践[J].外语教学理论与实践,2013(2):12-20.

[52]　张文忠.国外依托项目的二语/外语教学研究三十年[J].中国外语,2010(2):68-74.

[53]　张文忠.iPBL——本土化的依托项目英语教学模式[J].中国外语,2015(3):15-23.

[54]　朱敏,黄静,翟玉贞.项目式学习在写作教学中的应用:教育技术辅助的“多元教学评机制”[J].外语电化教学,2018(3):70-75.

第十一章　基于 PBL 理念编写的教材在大学英语教学实践中的问题与对策

项目式学习简称为 PBL,因其注重实践性和学习者参与性,强调以解决问题为中心、课内外及多种学习途径相结合的教学理念,是真正实现由“以教师为中心”和“知识中心型”向“以学习者为中心”和“能力中心型”教育的转变。因此,该教学理念一经提出就在西方国家各个教育层次、机构甚至是各企事业单位被广泛应用,并且在理论和实践方面产生了大量的研究成果。而项目式学习理念自从引进我国之后在职业教育领域应用比较广泛,高等教育领域虽也有一定的实证研究,但是研究成果不仅稀少,深度也明显不够。

1　PBL 的定义及特征

项目式学习源自英文的 Project-Based Learning(PBL),在教育学领域中是指一种由学生或学习者围绕所选取的题目进行的一系列调查、观察、研究、表达新学知识、展示和分享等学习活动。不同的学者从不同的研究角度对基于项目的学习有不同的定义。

巴克教育研究所(Buck Institute for Education) 界定的标准化项目式学习的定义是:旨在督促学生通过广泛深入地探究复杂真实的问题和精心设计的产品与任务而获得知识和技能的一种系统性教学方式(Markham et al. ,2003)。该定义强调项目式学习的特性,即承认学生具备内在的学习动力,通过项目可以促使学生关注学科的核心概念和原理,注重引导学生对真实而重要的选题进行深刻思考,并督促学生使用基本的工具和技能进行学习与管理,从而达到解决问题、解释难题以及演示通过调查、研究和推理所获得的信息。

项目学习具备哪些特质,学术界其实并没有统一的界定。就组成要素而言,一个严谨、有深度的项目学习活动通常包括以下点:① 驱动式问题或挑战;②须知;③探究和创新;④21 世纪技能;⑤学生话语权和选择权;⑥反馈和改善;⑦可公开展示的作品(王勃然,2013)。

Thomas(2000:3)定义 PBL 的六个标准是:课程围绕项目展开;项目围绕驱动学生掌握学科基础概念和理论的疑难问题进行;项目基于学生建设性的调查研究;项目的完成驱使学生进行有意义的知识建构;项目注重解决实际问题,而不是书本知识;项目的完成注重合作。

根据以上关于项目式学习的定义、标准和特性的论述,我们采纳杨莉萍等(2012)归纳的关于项目式学习特征:第一,项目式学习是一种系统性的融教与学于一体的教学模式;第二,项目式学习重视学科核心概念和基础性知识与技能等学习内容;第三,项目式学习强调面对现实世界的真实复杂性问题;第四,项目式学习专注于学生的主体性和自主性;第五,项目式学习注重探究问题并提出解决方案。

因此,我们认为在语言教学中,项目式学习是一种典型的以学生为中心的教学方式。学生围绕着一个具体的学习项目,在实践中体验、内化吸收、探索创新中获得较为完整而具体的语言知识,形成专门的语言技能并获得能力的发展。同时它具有很强的实践性,特别是对于语言学习来说,学生完成项目的过程即是语言的实践过程,能有效地培养学生的语言运用能力。

2　理论基础

基于项目的学习教学的理论及其应用都起源于美国。"项目"这一概念首先由美国著名的教育家屈伯克于 1918 年 9 月发表的《项目(设计)教学法:在教学过程中有目的的活动的应用》一文中提出,该教学法在 20 世纪的 20—30 年代的美国小学和中学的低年级里得到了广泛的应用。

这一学习模式以建构主义的学习理论为基础。建构主义学习理论认为:知识不是通过教师传授得到,而是学习者在一定的情境即社会文化背景下,借助其他人(包括教师和学习伙伴)的帮助,利用必要的学习资料,通过意义建构的方式而获得(何克抗,1997)。以项目为中心的教学模式借鉴了当前三大教学法(探究教学法、任务驱动教学法与案例教学法)的思想和特点,通过选取项目来创设学习情景,以协作学习的方式开展学习,最终以完成项目来达到意义建构。这种教学模式较之传统的教学模式有三个变化:以教师为中心转变为以学生为中心、以教材为中心转变为以项目为中心、以课堂为中心转变为以实际经验为中心。依据项目的完成来开展教学,可在教学中营造适宜学生创造力发展和给予学生充分表现的氛围,鼓励学生大胆充分地表达自己的思想,最大限度地开发学生的创新潜能(冷淑君,2008)。

3 国内外研究现状

3.1 国外研究现状

基于项目的学习在国外有比较广泛的应用，尤其是美国和欧洲国家在这方面做了很多有益的探索和应用。如加州伯克利分校的 Wise 项目、佐治亚理工学院的 LBD 和 CaMILE 项目、欧洲的 Netpro 项目等。另外，还有些国家是开展基于网络的远程协作项目学习。如挪威小鬼网络的“多元文化日历（Multi-Cultural Calendar）”项目；美国工程和科学教育促进中心的“国际沸点项目（The International Boiling Point Project）”；美国新泽西州一所小学开展的“交换怪兽游戏”等。国外基于项目的研究针对的学科领域包括数学，主要针对学生数学学习的动机和策略研究（Debra et al.，1997）以及本科、研究生阶段的技术类课程中基于项目的学习研究（Robert et al.，2011），但是国外涉及中小学生学科课程的项目式研究成果不多。

3.2 国内研究概况

国内基于项目的学习应用领域广泛，涉及高等教育、高中职教育、中小学教育等各个教育阶段，尤其是中小学阶段。而从中小学教学的角度来看，基于项目的学习模式则主要是与语文（王林发，2010）、数学（夏涛 等，2011；叶季明，2003）、英语（Chang et al.，2010）、生物（梁桂瑶 等，2010）、历史（许先锋，2003）、地理（Chang et al.，2010）、综合实践（方凌雁，2006）等学科进行结合，还有部分针对项目学习的研究则探讨网络学习环境下项目学习的实施，如“设计图书馆”项目（马秀芳 等，2010）；项目学习在教师培训中的作用等。在高等教育阶段，项目学习模式集中整合到了英语学科的学习课程中（王勃然，2012；黄泽锐，2012）。

自 20 世纪 70 年代研究者就开始尝试把 PBL 教学模式用于外语教学（Coleman，1992；Hedge，1993；Lee，2002；Gulbahar et al.，2006）。人们相信 PBL 作为一种系统的教学模式有助于学生的语言技能、认知架构、综合素质和技能的发展（Ribe et al.，1993）。Moss 等（1998）指出，PBL 作为一种语言教学模式，通过语境化的真实任务，有助于促进学生体验学习（learning by doing）、激发学习热情和动机（Dôrnyei，2009）。

2000 年以来，国内大学外语界开始尝试引进 PBL 的教学思想和方法，推动大学外语教学的模式改变。高等教育出版社《新大学英语》的出版，是国内外语界大规模实践和研究 PBL 的重要标志。同时，PBL 的实践也推动了国内相关的理论和实践研究（如余渭深，2017），国内重要期刊上陆续发表了一些研究论文，包括应用研究（支永碧，2009；高艳，2010；彭桂芝 等，2011；李立 等，2014；刘松 等，2015），教学效果的实证研究（邓媛 等，2009；陈晓丹，2013）等。但是这些研究的数量有限，质量也有待提高。大部分的研究都是基于对 PBL 模式教学的有效性进行的问卷调查，尤其是针对高等教育出版社出版的基于 PBL 理论而编制出版的教材进行的评估，急需更多范围更广、意义更大、质量更好的实证研究来探索 PBL 在培养学生语言应用能力、提高学生项目实施能力及与同伴合作能力方面的实证研究。

3.3　PBL 在国内研究的主要内容

从国内已有文献的分析，我们发现项目式研究内容主要集中在“理论模式研究”“教学设计研究”“实施应用研究”“问题与对策研究”以及“评价体系”等五个方面（李志河 等，2017）。其中教学模式成果居多，评价系统研究成果次之，而实施应用研究、教学设计研究、问题与对策研究的成果少之又少。

（1）教学模式研究。早期研究大都属于教学模式理论的研究，因为早期大多数研究者主要关注于项目式学习模式的建构。项目式学习的教学模式包括项目设计、项目实施、项目评价等三个主要环节，在这种模式中，研究者要充分考虑网络环境的支持，而师生则主要利用网络学习平台进行项目式学习的探究活动，基于信息在网络学习中进行多种行为操作，最终借助多样的信息化学习工具设计并制作完成（张文兰 等，2016）。项目式学习强调以学习者为中心，将其运用到学科教学中有利于学生综合能力的培养。所以，构建合理的项目式教学模式需要与实际教学环境互相结合，这是实施项目教学至关重要的一步。这种学习模式研究的结果可以为应用研究、教学设计研究以及 PBL 问题与对策研究提供有价值的操作标准。

（2）教学评价体系研究。该领域的研究成果相对比较多。在项目式教学过程中，教师可以通过试卷、学习成果展示、设计与课堂教学相关内容的方案评价表、对学习过程进行记录、使用组内组间互评表以及学生自我评价表等方式来展开相应的评价。如彭荣利（2013）提出学习评价是课程教学中的重要环节，高职课程学习评价体系为实现高职教育人才培养目标服务。项目式教学是开展工学结合教学模式的重要方法，其课程学习评价体系必须体现以职业能力为本位。

（3）教学设计研究。对于教师而言，基于项目式学习的首要前提是根据学习者的特点以及教学目标，把学科知识进行项目式转化，即把以学科为逻辑的课程内容体系，改造成为以项目式学习为内在逻辑的一套完整的教学设计系统，从而展开合理的课程教学。如张文忠（2015）为英语专业学生设计的 iPBL (innovative PBL)模式,以培养创新能力为核心目标取向,以“课程项目化、项目课程化”为总原则,以6阶段推进、多里程碑凸显、综合素质集成训练为特色的研究式学习教学模式在南开大学初步获得成功,并且逐步推广至国内其他高校。

(4) 应用研究。比起理论模式与评价研究,应用研究成果相对较少,但仍然取得了一些成果。如胡孔旺(2008)将项目学习模式运用于英语词汇记忆教学中,根据词汇规则和不规则特点进行不同的教学设计以达到事半功倍的效果。高艳(2010)将项目教学法应用在山东大学英语课堂教学中,并通过问卷调查的方式,探究了该教学方式对激发学生的学习动机、提高学生的语言应用能力、促进学生合作学习和培养学生综合学术能力方面的影响和作用。研究结果表明:项目式学习作为课堂教学的辅助形式,通过让学生课外参与复杂的问题解决过程,能够促进学生高级认知能力的发展,培养学生的自主和合作学习能力、探究学习与创新能力,这在很大程度上弥补了课堂教学的不足,是一种有利于培养学生综合应用能力、提高学生综合素质的新型学习方法,但该教学模式只能作为课堂教学模式的延伸,无法取代其他教学法。

(5) 问题与对策研究。国内外关于PBL模式在课堂教学的应用中出现的问题与对策方面的研究几乎是空白。这可能与这一教学模式目前的研究还没有形成科学体系和规模有关。

3.4 小结

综上所述,项目式学习在国内逐渐得到学术界和教育界的重视,并有不少教育工作者和研究者对其进行了教学实践和研究实践。在学科教学中的应用研究重点主要体现在:①应用领域还未铺开,高等教育、高中职业教育、大专和中专教育主要集中在英语学科或某个技术类学科,基础教育主要集中在综合实践、语数英的小范围内进行探讨;②应用设计研究不全面,主要关注了项目式学习的项目计划、引导问题、评价方式,对项目学习过程管理、教师的角色定位、支架设计等缺乏研究;③实施过程的研究不够细化深入,浮于顶层的教学流程,并未关注到每一个具体环节的教与学互动、教学深层次的研究;④应用效果研究较多,且关注点逐渐从局部的问题解决能力、学科成就转向较为全面的21世纪技能上(李志河 等,2017)。

根据以上综述,我们可以发现目前国内基于项目的研究大多为教学模式及理论探讨研究,真正在教学中实施项目式教学的应用型研究非常匮乏,有限的应用型研究大多是基于王海啸等编写的《新大学综合英语》教材使用后进行的问卷调查研究,依据该教材进行的教学设计研究鲜见,究其原因是目前作为项目式应用研究依托的教材在项目的设计上存在着诸多不足,笔者以自己使用该教材一年的经验，分析由高等教育出版社出版的基于项目式教学理念而设计的《新大学英语综合教程：辨思篇》和《新大学英语综合教程：卓越篇》中存在的不足以及采取相应的改进措施。

4　研究设计

4.1　研究问题

本研究围绕两个研究问题展开：

(1)《新大学英语综合教程：辨思篇/卓越篇》在教学实践中存在哪些项目设计上的不足？

(2) 如何弥补项目设计上的不足？

4.2　教学对象

华中科技大学 2017 级本科生，包括临床医学和启明学院电气卓越各一个班，共计 52 人，其中临床医学的学生英语基础要好于电气卓越班的学生。教学实践持续两个学期，共一个学年，从 2017 年 9 月开始至 2018 年 6 月结束。

4.3　教学材料

高等教育出版社 2013 年出版的《新大学英语综合教程：辨思篇/卓越篇》，第一学期使用《辨思篇》，第二学期使用《卓越篇》，每本教材都有 8 个单元，每个单元都由下面五个部分构成：

(1) Warming-up(输入性训练)，提供极为简单的、通俗易懂的与单元话题相关内容，引导学生能够顺利进入单元设计的话题及所需完成的项目。

(2) Initializing the project(输入性训练＋产出性训练)，这部分通常也是一篇短小精悍的文章，目的是引导学生从语言、文化、技巧等方面对本单元将要完成的项目进行学习。

(3) Exploring the field(输入性训练＋产出性训练)，本部分在《辨思篇》中是一篇文章，在《卓越篇》中是两篇千字以上的文章，其目的是引导学生精读与项目相关的文本，并进行适当的产出性训练。

(4) Constructing the project (项目完成阶段，属于产出性训练)，包括：a. 项目指导；b. 收集资料；c. 课堂展示；d. 项目评估。

(5) Assessing Learning(学习评估阶段)，每个单元的这个部分都包含事先设定好的几个同样的问题，属于学生自我评估阶段，如果说第四阶段是学生完成项目，通过展示，由学生和老师共同对学生的项目完成情况进行评估的话，第五阶段则是属于学生自我评估阶段，由学生自己检验本单元的学习计划是否完成，是否达到预定的学习目标。自我评估的问题包括：e. 做了什么；f. 学了什么；g. 效果如何；h. 有何欠缺。

由于教学课时有限，除了综合教程的教学任务之外，还有听说教程的任务需要完成，为了确保教学实践中能够督促学生完全彻底地完成各个单元设计的项目，真正做到做中学，将所学应用到实践中，我每个学期只从教材中选择了四个单元进行项目式教学实践。

4.4 教学过程

(1) 在单元教学开始前，把学生分成四人组，先把该单元的项目任务布置给学生，要求组长给组员布置任务，一般一个单元的教学会持续 2.5～3 周，这样就保证了学生有足够的时间完成项目。

(2) 根据单元教学内容，对教材中的项目进行修改和完善。

(3) 发给学生完成每个所学单元教学实践项目所需的补充学习材料和视频。

(4) 详细讲解并培训学生完成项目所需的技能。

(5) 课内外给予学生完成项目所需的一切帮助。

(6) 详细讲解每个单元中包含的三篇文章，提炼文中主要的词、词组和句子结构并举例说明在实际中的使用，希望学生能把文章中的关键语言应用到项目中去。

(7) 单元学习结束时，学生以小组为单位提交项目完成的报告，并且选择小组代表在课堂汇报或者展示项目完成情况。

5 结果与讨论

通过一学年的教学实践，我们发现目前使用的教材存在以下几点不足。

首先，虽然每个单元都有项目需要学生完成，但是大部分单元项目的设计形式都比较类似，基本围绕问卷调查、访谈两类进行。如《辨思篇》第一单元的主题是 Generations，要求学生完成的项目是设计一份问卷，调查“70 后”“80 后”和“90 后”的特点，以及在对待工作、生活、教育和爱情的态度等方面有什么差异，然后以小组形式进行口头汇报。第二单元 Living green 讲的是环境问题，要求学生完成的项目是选择一个与环境相关的问题，调查这一环境问题的具体情况，找出产生这一问题的原因以及学生为解决这一环境问题所做出的努力，最后在班级进行结果汇报，同时针对这一问题，提出学生未来的计划。这个单元的项目如果老师不对学生加以指导，放任学生自己完成，可能会是一份调查问卷或者访谈结果。如果老师要求学生把这个项目变成个人项目,借助网络进行调查,做成个人汇报,那就不是项目了,而是变成学生个人完成的写作任务。第四单元 Historical figures 的项目,要求学生进行访谈,从给出的一幅图片中让受调查者指出他们敬佩哪些历史人物以及敬佩的原因,这个项目跟环境问题和代沟问题项目都有重合的地方,如选择30人作为调查对象,对调查结果进行分析与总结,然后进行汇报展示。这个项目的设计形式与完成过程与第一单元的问卷相似,通过访谈获得图片中出现的历史人物的生平,与了解环境问题的原因也类似,此外,有时候即使受访者了解学生选择的某个历史人物,但是对其生平了解得却不是很清楚,这样访谈很可能失败。第五单元 Celebrity worship 的项目要求学生调查大学生喜欢的各类明星的情况,形式仍然是问卷调查或者访谈。总之,虽然每个单元都有项目要完成,但项目设计的形式、完成的方式和过程都大同小异,有些甚至难以完成。笔者认为,如何让每个单元的项目都真正能作为大项目使用,并且让学生不仅具备完成这些项目的能力,还能在项目完成的过程中有所收获,就必须让各个单元的项目设计形式多样化,让每个项目设计都有新意,同时项目的设计要实用且在学生能力所及范围内。要达到这一目标,老师备课时不仅需要分析教材提供的语言材料,补充缺失的部分,同时还要按照学生的实际语言能力进行设计,从而真正让学生满意。

通过实践,我们发现学生做项目时的热情是在递减的。通常做第一个项目时感觉新鲜、兴奋,也会投入巨大热情。计划两周后完成的项目,学生通常会在一周后利用国庆长假完成。汇报时,兴奋和激动的心情溢满脸庞,人人都有浓浓的成就感。但是当发现第四个单元的项目仍然需要进行问卷调查才能完成项目时,学习激情明显衰退。虽然是年轻人喜欢的跟明星有关的话题,仍然没有做第一个项目时的激情与投入。

其次,虽然该教材的设计理念是在各单元中提供足够的语言输入,学生通过学习该单元就可以顺利完成项目要求,其实不然。教材的前三个部分虽然为完成项目提供了一定的语言输入,但是这些语言输入并不能为学生完成该单元语言项目服务,很多需要的语言结构、单词等都没有在文章中提供。结果是学生在展示项目成果或者进行项目汇报时有严重的语言表达问题。例如,第一单元要求完成的项目是汇报“70后”“80后”和“90后”的差异,但是提供的教学材料中却没有一篇是有关代沟或者不同时代人员的差异的,除了第一篇讲了参加世博会等大型活动等志愿者为“80后”和“90后”,并指出这两代人的特点之外,其他两篇文章虽然涉及的是某代人的特点,但是没有多少语言结构或者词汇能被学生运用到项目汇报中。

再次,该教材中设计的语言实践项目除了需要相关的语言输入外,还需要学习其他相关的语言知识及技能,例如,如何设计调查问卷?如何设计调查问题？如何统计调查结果？如何概括提炼调查结果？如何进行定量分析？如何进行客观的汇报？如何加入个人的观点？等等。这些知识教材都没有提供，而学生需要完成问卷调查之类的项目，就必须了解这些问题的答案，在教材提供的材料不足的情况下，教师需要按照那个项目完成的需求对学生所需要的语言材料和相关知识与技能进行补充、完善，甚至是培训，否则项目很难达到预期的目的。而我们很多老师面临的问题是：老师其实自己也没有进行过这样的研究设计及数据分析方面的培训，所以无法给予学生针对性的指导，最后导致学生项目无法高质量完成，结果很可能是，学生花了很多时间完成项目但是收获却很小，逐渐失去做项目及学习语言的动力。

最后，该教材的选材有如下问题。一是很多文章过于简单，比高中教材都要容易，文章没有深度；二是很多文章没有经过精心挑选，不适合做精读教材，反而更适合做泛读文章，有些文章中心思想不是很明确，文章结构或者说篇章结构不清晰，如果想要以此作为范文，指导学生写作实在是勉为其难。这些文章作为课外补充阅读材料还可以，而作为教材感觉不合适。例如，《卓越篇》第四单元第三部分第二篇文章 *The Heart of Leadership* 的篇章结构非常不清楚，学生给出的答案千奇百怪，也不怪学生理解力低，因为老师们在备课时也感觉结构难以划分，而提供的教师参考书除了练习答案之外，没有任何有教学参考价值的内容。

针对教学实践中出现的问题，笔者在项目式教学实施过程中采取了一些应对的解决方案，主要是针对以上四个问题而采取的对策并且付诸实践，经检验，产生了一定的效果。

首先，针对每个单元话题的不同，项目设计及完成项目过程类似的问题，笔者采取的对策是：对教材中原本设计的各个项目稍微进行修改，尽量让各个单元的项目完成过程和完成方式有所不同，保证在话题不变的基础上有所创新，保持学生的兴趣不减。

此外，对于课堂项目展示占用时间比较多的情况，尽量提供给学生一些与项目完成相关的课外读物，督促他们课外阅读、学习，然后通过完成项目消化课外阅读材料的知识，对于相对较难的项目，则给学生提供可以学习参考的模板。这样学生课外学习了新的知识，通过完成项目，将新知识应用到语言实践中，这样学生相对容易掌握新知识、新技能；同时，老师充分利用网络工具，随时随地在网络上跟学生交流，解答学生疑问，指导学生实践，帮助学生解惑，尤其是涉及教材中没有提供的知识和技能培训方面的疑问，网络的沟通便捷顺畅，问题也能得到及时解决。

例如，第一单元的大项目是要求学生设计调查问卷，调查“70 后”“80 后”和“90 后”各 30 人在对待工作、生活、爱情等方面的差异。因为课文中有关这方面的文字材料太少，加上学生刚入学并不知道如何设计调查问卷、如何根据需要的答案去设计问卷中的相关题目，也不知道如何分析问卷调查结果，如何对问卷调查的结果进行统计汇报等，所以笔者就把第一个单元的项目改成以下几个步骤，要求学生按照每个步骤去完成。

第一单元项目要求：

Procedures for Working on the Project of Generation Gap

① Read Survey Guide individually, and learn to ask intelligent and relevant questions concerning the purpose of your topic(Individual work);

② Make a list of questions concerning the differences between post-90s generation and post-70s generation (Individual work);

③ Work in groups and compare and contrast the answers with each other (Group work);

④ Use the answers as a guide to design a questionnaire in groups(Group work);

⑤ Each group should find at least 30 participants from post-70s generation and 30 from post-90s generation and distribute your questionnaires to all the participants(individual work);

⑥ Collect the questionnaires and analyze the results in groups(group work);

⑦ Summarize the results by writing a survey report;

⑧ Present the survey results in class by using PPT.

同时，发给学生相关的有助于他们完成项目的课外阅读材料，如"如何进行问卷调查"，还可以给学生发一份往届本科生所做的问卷调查报告写作的范本，要求他们按照样本格式完成调查报告的写作任务。为防止学生在学术写作中出现抄袭现象，课堂上会给学生补充讲"如何避免学术写作中的抄袭"，给学生强调学术写作的规范性。

开学初笔者就把学生分为四人一组，每组选一个小组长，制定组长责任制，要求组长先组织大家课外学习讨论补充学习材料，每个组员分别指出补充材料中的问题与难点，这些可以是问卷设计的问题，也可以是调查问卷结果分析与统计的问题，小组成员解答不了的，可以通过网络寻求教师的帮助。笔者通常会要求学生把自己设计的问卷初稿先交上来审核，经过修改后，再让学生进行调查。学生一般让他们的父母帮助调查"70 后"的 30 份问卷，自己在学校食堂、教室等地对"90 后"的学生进行调查，而教材中要求的对"80 后"的调查则在项目任务中删除了，不仅因为寻找"80 后"的样本比较难，而且太多样本的调查会加重学生的负担，学生完成项目的目的是对语言进行实践。

通过这一系列的修改、补充和课外指导，每个组的学生都设计了一份独特的对两代人的人生观、教育观、就业观、爱情观等方面的差异的问卷，并用该问卷在问卷星上完成了调查，用 Excel 对结果进行了分析，同时还对调查结果进行了讨论。学生的项目成果不仅是一份以小组为单位的英文版的调查报告，同时还有一份 PPT 的英文汇报。

老师对交上来的调查报告初稿进行点评，对不符合要求的指出问题所在，重新修改。

结果发现，学生的潜力很大，大部分小组的调查报告都有 10 页以上，完全按照提供的模板完成，有引言，指出研究的目的和意义，还有研究方法、研究结果、讨论和结论部分。

又如，第二个单元的话题是跟环境有关的，虽然三篇文章都跟环境有点关系，但是对于后面项目的完成并没有多少帮助，所以笔者就把该单元的项目设计修改成下面这样。

第二单元项目要求：

A. Work with your team members to create a poster to raise the public's environmental awareness. Each group should discuss one of the following environmental issues by focusing on:

a) identifying an environmental problem by using one example or a piece of news;

b) examining their causes and consequences;

c) working out solutions.

d) evaluating your solutions.

B. The following are just some of the environmental problems for your reference:

a) Acid rain;

b) Air Pollution;

c) Deforestation;

d) Extinction of Species;

e) Global warming;

f) Water Quality;

g) Water waste.

C. Form 6 or 7 new groups by getting one member from each group and have a cross group discussion. Share the ideas discussed in your original group with members in your new group.

D. Go back to your original group and one presenter from each group reports the results of your group discussion in front of the whole class.

其次,针对教材中提供的有助于项目完成的材料内容不多,笔者额外补充了几篇跟环境相关的文章和视频材料让学生课外阅读或者观看。

结果发现,有些学生的海报是用电子版的,所有信息在一张PPT上呈现,而有些学过绘画的学生直接是用手绘的,用彩笔呈现在一张画纸上,非常漂亮。

再如,第四单元Historical figures中的原项目任务是要求学生从一张布满历史名人的照片中找出学生敬佩的历史人物以及敬佩的原因,项目完成的指令中要求学生访谈至少30个不同年龄的人。笔者觉得这样的项目对于学生来说没有新意,又是问卷调查,所以就将项目稍微改了一下,设计成如下形式,同时把访谈报告改成历史人物生平的写作。要求学生模仿该单元第一部分warming up中贝多芬生平的写作模式,既要有引言和结论,还要中心思想明确,同时给学生讲了记叙文写作的方法和要点。

第四单元项目要求:

In this part, you are going to work in groups of four and research on historical figures.

① You may choose historical figures from any historical period from any country and from any walks of life.

② First interview at least 10 students and find out at least 3 most popular figures.

③ Discuss in your group and choose only one historical figure from your group.

④ Search the information online about the chosen figure.

⑤ Write an article about the historical figure your group researched.

Your writing and presentation should contain but not limited to the following information: The historical figures' personal life experience, greatest achievements made and their charms.

Your writing should have a beginning which briefly introduces the great figure's achievement, then the main part which narrates his/her life experiences in chronological order, followed by a conclusion which emphasizes his/her contribution which is in agreement with the introduction.

Please imitate the writing pattern of Passage 1, Unit 4.

由于这个项目被笔者改成了一篇记叙文写作的练习,为了不影响各个小组课外口语训练,给他们额外布置了英语趣配音的作业,由个人完成,组长收集,先小组讨论,选出小组最佳,然后再把各组最佳放在班上播放,学生感觉很有意思,兴趣也很浓。这个单元之后,很多学生形成了习惯,自己课后在趣配音上不断找材料练习口语。这是设计这个单元项目时没有预料到的收获。

而针对教材中提供的帮助学生完成项目的语言输入不足的问题，笔者在各单元授课时就有意识地进行语言输入的补充。例如，第一单元没有一篇文章讨论我国“70后”“80后”和“90后”在思想观、人生观、爱情观、择业观等方面的差异，笔者在 warming up 部分就设计了一些相关问题，让他们在课堂上讨论，学生发言后再加以评价，使得他们对于代沟差异有了一定的认识。答案不完善的地方，要求学生课后上网查阅相关资料进行补充，以便问卷调查报告更加深入、完善。下面是根据项目要求增加的小组讨论题目。

Please discuss the differences between your generation and post-70s generation in terms of:

① View of life;

② Features;

③ Living environment;

④ Living standard;

⑤ Attitudes towards life/job/education/love /family.

基于相关问题讨论结果及课后相关知识的补充，学生可以对我国“70后”和“90后”之间的差异了解得更加透彻、深入，也保障了本单元项目完成所需的相关知识。

又如，针对第二单元三篇文章对于目前全球面临的主要的环境问题提供的语言素材不足的问题，笔者额外补充给学生一篇关于 global warming 的课外阅读文章，并给学生一系列的相关词汇，在课堂教学中还补充了几篇跟气候、环境有关的短文，用以指导学生如何快速获取新闻及天气预报中的关键词，同时要求各组学生根据自己小组抽签获得的需要研究的相应环境问题，按照范文的模式在课外寻找相关的材料，补充自己小组项目所需的语言材料。着重强调各组学生应该朝着成为所研究环境问题方面的专家的方向努力。

再次，针对教材没有提供足够的帮助学生完成项目的技能问题，给学生补充了相应的课外阅读材料。例如，第一单元中提供给他们的 Survey Guide，详细讲解了如何设计好的研究问题，如何设计调查问卷，如何检验问卷的信度和效度，如何统计数据并进行数据分析。第一单元项目任务中提供给学生的调查报告范例则让学生自学了如何撰写调查报告。为防止学生写报告时出现抄袭现象，在学生提交最终报告前，笔者在课堂上专门讲了学术英语写作中的一个重点——如何避免抄袭。此外，在每个组的调查问卷初稿设计好后要求他们先发给笔者审核，通过后才能进行正式调查。

最后，针对教材选材质量不高的问题，笔者在教学过程中会选择单元中中心思想明确、文章结构清晰的文章重点讲解。例如，《卓越篇》第四单元第二部分和第三部分的第一篇文章都是通过举例为文章的中心思想提供依据，但是这样的扩展式举例(extended example)跟学生以往所接受的写作教学中讲解的简单举例有所不同，因为简单的举例法是一个段落一个例子，而课文中的举例法是一篇文章用了一个例子，覆盖很多段落，这样的举例自成一个故事。所以在课堂教学中笔者以课文为范文，同时再补充几个普通举例法的写作范文，让学生了解简单举例与扩展举例的差异。单元教学完成后会布置学生用举例法写一篇作文。

此外，笔者还会适当补充一些与单元话题相关的经典文章到课堂教学中。同时针对各个单元的教学内容重新设计教学方案。如《辨思篇》第二单元 Living green，就补充了一篇阅读材料 *What's wrong with global warming*？这篇文章与“全球变暖”问题有关，但该文作者对“全球变暖”问题的看法与现在大多数专家相反，而且这篇文章论点明确，论据充分，结构清晰，每个段落都是很好的段落写作的范文。此外，这篇文章的内容与观点可以引发学生思考和讨论，并且课后可以寻找更多的论据对作者的观点进行讨论。

《卓越篇》第五单元，第三篇的文章涉及对人物心理活动的描写，内容很散。笔者就精讲了第一部分、第二部分和第三部分的第二篇文章，而第三部分的第一篇文章 *The Red Dress*，则改为让学生改编成剧本，由小组合作完成，在课堂上展示。允许学生根据自己的理解对课文内容进行修改、扩充等，尽量让自己小组的英文话剧丰满。以下是笔者提出的单元学习目标。

Directions for Passage 1，Unit 5：

① Please adapt the story into a play and act it out in your group first and then demo it in class.

② You can use your imagination to add whatever details you want into the play，but all the plot of the play should be based on the story.

③ No notes are permitted during your Demo. Speak fluently when you give the performance.

学生以小组形式把这个故事改编成一个话剧，有些小组的话剧中增加了很多原故事中没有的情节，小组成员扮演不同的角色，有些甚至男扮女装，或者女扮男装，因为强调了不允许看课文，不允许看纸条，不允许给提示，所有的学生都把故事中的相关情节背诵下来了，不管是旁白还是故事主角的台词，都是脱稿完成的。此外，语言能力比较好的小组大刀阔斧地改编了故事，使得故事情节产生了意想不到的效果。学生观看其他组同学的表演也是一种学习。通过背诵记忆，学生的表达能力有了提高，笔者在观看学生表演时都被学生的表演吸引和打动了，学生们也很高兴地互相录像作为留念。

6 结语

总之,目前国内基于项目的教材并不多,从高等教育出版社这本教材的使用情况来看,将PBL应用到英语教学实践中具有可行性,但是如果仅仅照搬教材中设计的项目会给教学带来一定的问题,因为该教材主要存在以下问题:项目设计缺乏多样化、缺乏足够的完成项目的语言材料、完成项目所需要的知识和技能不足以及教材选材不够严谨等问题。如果要在今后的大学英语教学中实施项目式教学,教材编写者需要对以上出现的问题进行改进,在教材改进没有到位的情况下,大学英语教师如果想在大学英语课堂实施项目式教学法,需要多花时间和精力对项目进行适当的改编,补充教材中完成项目所需的语言材料,给学生提供完成项目所需的语言技能及其他方面的支持,教师也可以组成教学团队,由经验丰富的教师带领小组成员进行相关培训,只有这样,项目式教学才能在大学英语教学中得以推广应用并取得预期效果。

本章参考文献

[1] BUCK INSTITUTE FOR EDUCATION. What is PBL? [EB/OL]. [2018-12-18]. http://www.Bie.org /about /What_is_Pbl/.

[2] CHANG L H, LEE G C. A team-teaching model for practicing project-based learning in high school: Collaboration between computer and subject teachers[J]. Computers and Education, 2010(55), 961-969.

[3] COLEMAN J A. Project-based learning, transferable skills, information technology and video[J]. Language Learning Journal, 1992(5): 35-37.

[4] DEBRA K M, JULIANNE C, CYNTHIA A S. Challenge in a mathematics classroom: Students' motivation and strategies in project-based learning[J]. The Elementary School Journal, 1997, 97(5): 501-521.

[5] DÔRNYEI Z. The antecedent of task behaviors: A dynamic system account of task motivation[EB/OL]. http://www.lancaster.ac.uk/fass/events/ tblt2009/presentations/DÔRNYEI_handout.pdf.

[6] GULBAHAR H B, MILLER P C. Project-based second and foreign language education: Past, present and future [M]. United States: Information Age Publishing, 2006.

[7] HEDGE T. Key concepts in ELT: Fluency and project[J]. ELT Journal, 1993, 47(3): 275-277.

[8] LEE I. Project work made easy in the English classroom[J]. Canadian Modern Language Review,2002(59):282-290.

[9] MARKHAM T, LARMER J, RAVITZ J. Project-based learning handbook:A guide to standards-focused project-based learning for middle and high school teachers[M]. Buck Institute for Education,2003.

[10] MOSS D C, DUZER V. Project-based learning for adult English language learners[M]. ERIC Digest,1998.

[11] RIBE R,VIDAL N. Project work step by step[M]. Scotland:Macmillan and Heinemann,1993.

[12] ROBERT P R, LEHNER M. Project-based learning in computer science:A review of more than 500 projects[J]. Procedia-Social and Behavioral Sciences,2011(29):1561-1566.

[13] THOMAS J W. A review of research on project-based learning executive summary[M]. CA:The Autodesk Foundation,2000.

[14] 陈晓丹. PBL教学模式对非英语专业学生批判性思维能力影响的实证研究[J]. 解放军外国语学院学报,2013(4):68-73.

[15] 邓媛,王湘玲. 项目驱动培养EFL学生自主能力的实证研究[J]. 外语与外语教学,2009(8):31-34.

[16] 方凌雁. 综合实践活动课程中项目学习应用的实践探讨[J]. 上海教育科研,2006(2):39-41.

[17] 高艳. 项目学习在大学英语教学中的应用研究[J]. 外语界,2010(6):42-48.

[18] 何克抗. 建构主义——革新传统教学的理论基础(上)[J]. 电化教育研究,1997(3):3-9.

[19] 胡孔旺. 浅谈项目学习模式在英语教学中的应用[J]. 科教文汇,2008(12):158.

[20] 黄泽锐. 项目学习在大学英语教学中的应用[J]. 现代阅读,2012(9):15.

[21] 冷淑君. 以项目为中心构建新型教学模式的实践与思考[J]. 中国电化教育,2008(7):76-79.

[22] 李立,杜洁敏. 大学英语分科教学背景下学术英语PBL教学模式研究[J]. 外语教学,2014,35(5):55-58.

[23] 李志河,张丽梅. 近十年我国项目式学习研究综述[J]. 中国教育信息化,2017(16):52-55.

[24] 梁桂瑶,高峰. "项目学习"在初中生物教学中的实践与思考[J]. 华南师范大学学报(自然科学版),2010(4):80-82.

[25] 刘松,普映山.以思辨能力为导向的PBL教学模式及其在英语教学中的应用[J].浙江外国语学院学报,2015(3):65-70.
[26] 马秀芳,柯清超.探讨远程协作项目学习的设计与实施[J].中小学信息技术教育,2010(15):12-14.
[27] 彭桂芝,彭桂莲.PBL教学模式在听说课中的应用[J].华中师范大学学报(人文社会科学版),2011(S2):189-191.
[28] 彭荣利.项目式教学中课程学习评价体系的探讨[J].湖南工业职业技术学院学报,2013(2):90-91.
[29] 王勃然.基于大学英语项目学习模式的学生学习成就满意度调查——一项社会建构主义视角下的项目学习研究[J].东北大学学报(社会科学版),2012,14(5):461-466.
[30] 王海啸,夏珺.PBL在大学英语教学中的应用:从实践到研究[EB/OL].[2019-06-25].https://wenku.baidu.com/view/91825a714693daef5ef73daf.html
[31] 王洁.体验"做数学"——"测量学校绿地面积"的项目学习[J].人民教育,2003(15):17-21.
[32] 王林发.基于Moodle的"中国小说欣赏"项目学习实践与探索——以高中语文选修课《水浒传》为例[J].中国电化教育,2012(12):82-86.
[33] 夏涛,罗祖兵.项目学习——中小学数学教学的应然选择[J].现代教育科学,2011(6):102-104.
[34] 许先锋.项目学习"唐宋比较研究"的理论与实践——谈项目学习在中学历史教学中的运用[J].历史教学,2003(3):57-61.
[35] 杨莉萍,韩光.基于项目式学习模式的大学英语学术写作教学实证研究[J].外语界,2012(5):8-16.
[36] 余渭深.《新大学英语》项目活动实践的学生评价研究[J].中国外语,2017(3):82-91.
[37] 张文兰,张思琦,林君芬,等.网络环境下基于课程重构理念的项目式学习设计与实践研究[J].电化教育研究,2016(2):38-45,53.
[38] 张文忠.iPBL——本土化的依托项目英语教学模式[J].中国外语,2015(3):15-23.
[39] 支永碧.PBL在中国外语教育中的应用——意义、困境与出路[J].外语与外语教学,2009(7):33-37.